TIZIANA CHIAPPELLI
SUSANNA NOCCHI

primo italiano

GRAMMATICA PER STUDENTI STRANIERI

GARZANTI SCUOLA

GARZANTI SCUOLA

Sito internet http://www.garzantiscuola.it • www.scuola.com
e-mail redazione@garzantiscuola.it

SISTEMA QUALITÀ CERTIFICATO
CISQ CERT
UNI EN ISO 9001:2000

Redazione: Alma Edizioni Firenze
Impaginazione: Monotipia Olivieri
Progetto grafico: Type & Type di Maurizio Belardinelli
Supervisione grafica e controllo qualità: Claudio Raboni
Copertina: Deborah di Leo - Grapix
Disegni: Luigi Critone, Cristiano Senzaconfini
Stampa: A.G.F. - Peschiera Borromeo (MI)

La progettazione didattica e i contenuti specifici di questa grammatica destinata agli alunni stranieri sono stati pensati e realizzati da Alma Edizioni Firenze

1ª edizione: febbraio 2005
Printed in Italy

Edizione:	I	II	III	IV	V
Anno:	2005	2006	2007	2008	2009

INDICE

Unità di Apprendimento 1

Il nome

1.1 Che cos'è il nome

- Il **nome** (o **sostantivo**) indica una cosa concreta o astratta, un oggetto, una persona, o anche una città o una nazione.

camera

tavolo

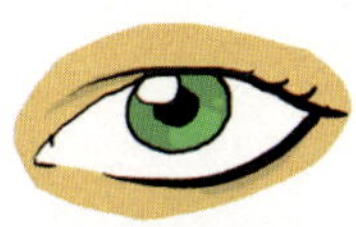
occhio

venezia

ragazzo

ragazza

paura

felicità

Il nome cambia a seconda del **genere** e del **numero.**

- Il **genere** può essere **maschile** o **femminile**

donna (**f**) / uomo (**m**)

- **Persone** o **animali** di sesso maschile hanno nomi di genere maschile, persone o animali di genere femminile hanno nomi di genere femminile.

bambina (**f**) / bambino (**m**)

gatta (**f**) / gatto (**m**)

- I nomi degli **oggetti** possono essere o maschili o femminili.

tavolo (**m**)

camera (**f**)

- Il **numero** può essere **singolare** o **plurale**.

bambino (**uno** = **singolare**)

bambini (**molti** = **plurale**)

Esercizi 1.1

1

Non tutte le parole qui elencate sono nomi. Trova i nomi come nell'esempio. Poi scrivi la prima lettera di ogni nome. Le lettere, scritte in ordine, formeranno un altro nome. Aiutati con il dizionario.

1. cinema	2. amare	3. radio	4. bere
5. automobile	6. ciao	7. viale	8. telefonare
9. albero	10. scrivere	11. tavolo	12. terremoto
13. però	14. da	15. cantare	16. ago

CRAVATTA

2

Scrivi i nomi italiani che conosci. Sono maschili o femminili? Controlla sul dizionario.

ESEMPIO : **pizza** (maschile o femminile?) → femminile
pallone (maschile o femminile?) → maschile

maschile	**femminile**
Pallone	Pizza
cane	melodia
fiocco	vita
neve	isola
tesoro	giustizia
mantello	amica
amico	favola
albero	matite
fiore	lettera

1.2 I nomi in -o e in -a

- Normalmente i nomi in -**o** sono maschili. Il plurale dei nomi in -**o** è -**i**.

libr**o**

ragazz**o**

tavol**o**

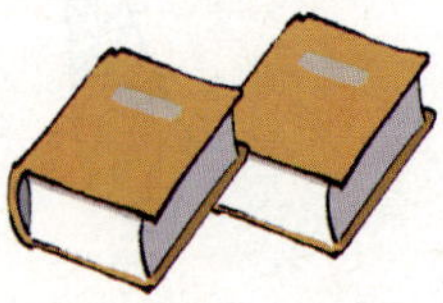

libr**i**

ragazz**i**

tavol**i**

- Normalmente i nomi in -**a** sono femminili. Il plurale dei nomi in -**a** è -**e**.

penn**a**

ragazz**a**

scuol**a**

penn**e**

ragazz**e**

scuol**e**

Nomi in -o e in -a		
	singolare	plurale
maschile	-o	-i
femminile	-a	-e

1.3 I nomi in -e

- I nomi in -**e** sono maschili o femminili.

diretto**re**

diretto**ri**

class**e**

class**i**

- Generalmente sono maschili:
  1) i nomi che indicano uomini;

padr**e**

padr**i**

custod**e**

custod**i**

2) i nomi in -**ore**.

professor**e**

professor**i**

- Generalmente sono femminili:
  1) i nomi che indicano donne;

madr**e**

madr**i**

mogli**e**

mogl**i**

2) i nomi in –**zione**; -**sione**; -**gione**.

sta**zione** > sta**zioni** *(f)*
televi**sione** > televi**sioni** *(f)*
sta**gione** > sta**gioni** *(f)*

Nomi in -e		
	singolare	plurale
maschile o femminile	-e	-i

Esercizi 1.2

1

Anna deve comprare gli oggetti per la scuola. Vuole mettere tutti gli oggetti con un nome femminile nel carrello F e quelli con un nome maschile nel carrello M – Aiutala tu barrando le caselline M o F.

M	PENNA	F	M	LIBRO	F
M	MATITA	F	M	QUADERNO	F
M	ASTUCCIO	F	M	FOGLIO	F
M	PENNARELLO	F	M	DIARIO	F
M	CARTELLA	F	M	RIGHELLO	F
M	ZAINO	F	M	TEMPERAMATITE	F
M	GOMMA	F	M	BANCO	F

2

Cancella i nomi maschili e scrivi la prima lettera dei nomi femminili nello spazio in fondo. Troverai il nome di un famoso personaggio dei fumetti.

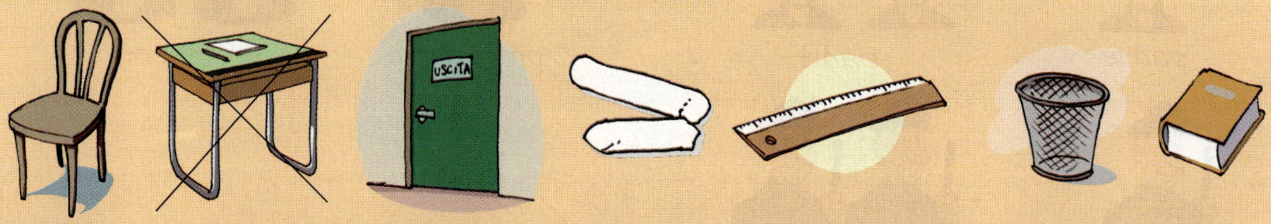

sedia — banco — uscita — gesso — righello — cestino — libro

professoressa — vocabolario — compito — esercizio — educazione fisica — problema — ragazza

intervallo — orologio — matematica — aula — quaderno — studente

nonna — diario — lampadario — bagno

Il nome è: SUPERMAN

3 Osserva i nomi <u>sottolineati</u> nel testo: sono maschili o femminili? Singolari o plurali? Scrivili al posto giusto nella tabella, come nell'esempio.

Questa è la camera di Piero. Ci sono un letto, un armadio, due porte (una per il terrazzo) e una finestra. In camera c'è anche una libreria con molti libri, e, sopra il letto, due scaffali con libri e una gabbia con due uccelli. Vicino al letto di Piero c'è un comodino, con una lampada e una sveglia elettronica. Vicino alla sveglia Piero tiene sempre un bicchiere e una bottiglia di acqua. Alle pareti ci sono due quadri e molte fotografie.

maschile		femminile	
singolare	plurale	singolare	plurale
letto		camera	
armadio			porte
terazzo		finestra	
	libi	libreria	
	scaffali	gabbia	
	ucelli		
comodino		lampada	
		sveglia	
bicchiere	quadi	bottiglia	
	pareti		fotografie

1.4 Altri nomi

- I nomi in -**tà** e -**tù** sono femminili e con plurale invariabile.

cit**tà** > cit**tà** (f)
universi**tà** > universi**tà** (f)
gioven**tù** > gioven**tù** (f)

- Pochi nomi femminili finiscono in -**o**; questi hanno spesso il plurale invariabile.

radi**o** > radi**o** (f)
mot**o**(cicletta) > mot**o**(ciclette) (f)
fot**o**(grafia) > fot**o**(grafie) (f)
aut**o**(mobile) > aut**o**(mobili) (f)

- Alcuni nomi in -**si** sono femminili; questi nomi hanno il plurale invariabile.

cri**si** > cri**si** (f)
anali**si** > anali**si** (f)
te**si** > te**si** (f)

- Normalmente i nomi **stranieri** che finiscono in consonante sono maschili e con plurale invariabile.

autobu**s** > autobu**s** (m)
compute**r** > compute**r** (m)
ba**r** > ba**r** (m)
yogur**t** > yogur**t** (m)

- Ci sono alcuni nomi maschili in -**a**; questi hanno spesso il plurale –**i**.

problem**a** > problem**i** (m)
poet**a** > poet**i** (m)
cinem**a**(tografo) > cinem**a**(tografi) (m)

- I nomi in -**ista** possono essere maschili e femminili. Il plurale è doppio: -**i** se maschile -**e** se femminile

farmac**ista** > farmacist**i**/farmacist**e**
art**ista** > artist**i**/artist**e**
dent**ista** > dentist**i**/dentist**e**
anal**ista** > analist**i**/analist**e**
aut**ista** > autist**i**/autist**e**

- Normalmente i nomi in -**io** al plurale hanno una sola -**i**: -**io** > -**i**

giornala**io** > giornala**i**
orolog**io** > orolog**i**
opera**io** > opera**i**

- Alcuni nomi maschili in -**co** e -**go** formano il plurale in: -**co** > -**chi** / -**go** > -**ghi**

tedes**co** > tedes**chi**
alber**go** > alber**ghi**

- Altri nomi maschili in -**co** e -**go** formano il plurale in: -**co** > -**ci** / -**go** > -**gi**

amic**o** > ami**ci**
psicolo**go** > psicolo**gi**

- I nomi in -**ca** e -**ga** al plurale hanno una -**h**-: -**ca** > -**che** / -**ga** > -**ghe**

ami**ca** > ami**che**
colle**ga** > colle**ghe**

- I nomi in -**cia** e -**gia**, se preceduti da consonante perdono la -**i**- al plurale, se preceduti da vocale mantengono la -**i**- al plurale.

ara**ncia** > aran**ce**
cam**icia** > cami**cie**
sche**ggia** > scheg**ge**
cili**egia** > cilie**gie**

- Il plurale del nome **uomo** è **uomini**.

uom**o** > uom**ini**

- Il nome maschile **uovo**, ha un plurale irregolare e femminile: **uova**.

uov**o** (m) > uov**a** (f)
mano > mani è un nome femminile.
man**o** (f) > man**i** (f)

- I nomi maschili che indicano parti del corpo come **braccio**, **ginocchio**, **dito** e **labbro**, hanno il plurale femminile in -**a**.

bracci**o** (m) > bracci**a** (f)
ginocchi**o** (m) > ginocchi**a** (f)
dit**o** (m) > dit**a** (f)
labbr**o** (m) > labbr**a** (f)

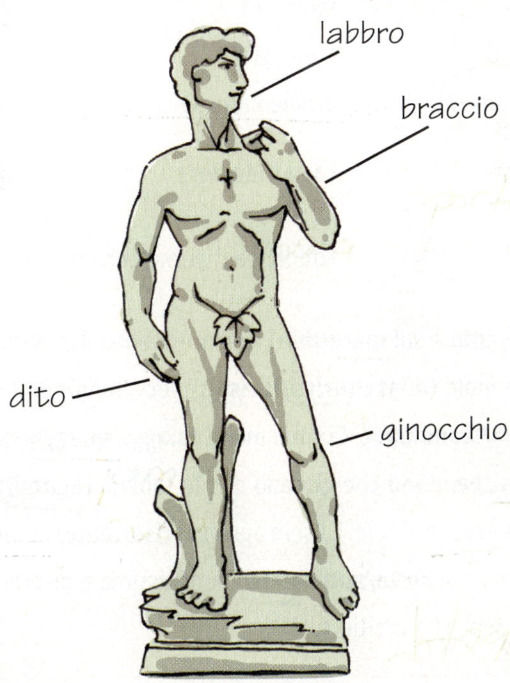

Esercizi 1.3

1

Completa con il nome corretto, singolare o plurale.

singolare	plurale	singolare	plurale
uomo	uomini	foto	foto
città	città	greco	grechi
dentista	dentisti	pacco	pacchi
autobus	autobus	programma	programmi
cuoco	cuoche	bacio	baci
mano	mani	radio	radio
computer	computer	uovo	uova
caffè	caffè	spiaggia	spiagge
orologio	orologi	camicia	camicie
amica	amiche	crisi	crisi

2

Trova le coppie con il plurale corretto, segui la strada e arrivi al nome del lago più grande d'Italia.

sport/sporti	sport/sports	**sport/sport**	sport/sporte
pacco/pacci	**pacco/pacchi**	pacco/pacche	pacco/pacchii
operaio/operaii	operaio/operai	operaio/operaie	operaio/operae
albergo/alberghi	albergo/albergi	albergo/alberghe	albergo/alberge
radio/radii	radio/radi	radio/radio	radio/radie
greco/grechi	greco/grecii	greco/greci	greco/greche
problema/probleme	problema/problema	problema/problemii	problema/problemi
↓	↓	↓	↓
Lago di Como	**Lago Maggiore**	**Lago Trasimeno**	**Lago di Garda**

3

Sottolinea il nome corretto, come nell'esempio. Poi rispondi alla domanda.

La **città/citté/citta** è sul **mare/mari/maro** Adriatico. Ha pochi **abitante/abitanti/abitanto** d'inverno ma d'estate ci sono sempre molti **turista/turisti/turiste**: specialmente **tedesci/tedesco/tedeschi**, **slavo/slava/slavi** e **scandinavi/scandinava/scandinave**. Ci sono molte **spiaggi/spiaggie/spiagge** private e pubbliche, lunghe lunghe e con **bambina/bambini/bambino** che giocano con la sabbia, **ragazzi/ragazzo/ragazza** che giocano con il pallone e **personi/persona/persone** al sole. La sera aprono i **ristorante/ristoranti/ristoranto**, le **discotece/discoteca/discoteche** e i **bar/bars/bari** e la **notta/notti/notte** è lunghissima e divertentissima!! Come si chiama la città? R I M I N I

Se non lo sai svolgi l'esercizio 4.

4

Non sai come si chiama la città dell'esercizio 3? Rispondi alle domande. Le iniziali delle risposte corrette formano il nome della città.

	Lettera
1. La capitale d'Italia è à Torino/ Milano/ **R**oma	R
2. Benigni è un attore à italiano/americano/tedesco	I
3. Il Tirreno è un à lago/mare/fiume	M
4. La Sardegna è una à isola/città/nazione	I
5. Dopo la sera viene la à giorno/notte/mattina	N
6. Un'isola vicina a Capri è à Ischia/Sicilia/Elba	I

5

Marco è al supermercato e compra da mangiare. Scrivi il plurale dei nomi, come nell'esempio. Marco compra:

3 (pesce) pesci, 2 (casco) caschi di banane, 1 kg di (asparago) asparaghi, 6 (arancia) arance, 2 (pacco) pacchi di pasta, 4 (yogurt) yogurt, 2 (gelato) gelati, 3 (salsiccia) salsice, 6 (pesca) pesci, 4 (ananas) ananas, un kg di (ciliegia) ciliegie

6

Completa i nomi con le lettere mancanti.

singolare	plurale	singolare	plurale
spiaggia	sp iagge	foto	foto
problema	problema	radio	radio
poeta	poeti	mano	mani
autobus	autobus	valigia	valigie
film	film	banca	banche
università	università	amico	amici
moglie	mogli	amica	amiche
superficie	superfic__	cinema	cinema
serie	serie	dito	dita

Unità di Apprendimento 2

L'articolo

2.1 Che cos'è l'articolo?

una

fata

la

montagna

il

cane

i

sette nani

il

treno

le

bambine

- Gli articoli accompagnano i nomi. Servono come **introduzione**.

  Prendiamo **la** (articolo) cartella.
  C'è **un** (articolo) gatto nero.

- Gli articoli di solito si trovano prima di un nome

  Facciamo **il** (articolo)**compito** (nome).
  Arriva **il** (articolo) **professore** (nome) di matematica.

- L'aggettivo "guarda" sempre il nome che sta dopo per capire se deve essere **maschile** o **femminile**, **singolare** o **plurale**.

  Amo **i** (articolo plurale maschile) **gatti** (nome plurale maschile).
  Voglio **un** (articolo singolare maschile) **cane** (nome singolare maschile)!

Esercizi 2.1

1

Metti l'articolo nelle frasi nel punto giusto. Poi riscrivi la frase completa, come nell'esempio.

1. [un]	Harry Potter è mago	Harry Potter è un mago
2. [i]	mi piacciono cartoni	Mi piacciono i cartoni
3. [una]	Venezia è città bellissima	Venezia e una città bellissima
4. [un]	Raoul Bova è attore italiano	Raoul Bove e un attore italiano
5. [il]	oggi esce disco di Nec	Oggi esce il disco di Nec.

2

Sottolinea gli articoli, come nell'esempio.

In libreria

Cliente: Buongiorno. Devo comprare **un** libro
Commesso: Sì, come si chiama il libro?
Cliente: Si chiama Gramma TICA.
Commesso: Sì. Ecco qui. Devo fare un pacchetto regalo?
Cliente: No, la Grammatica non si regala!
Commesso: Ah, ho capito.

2.2 L'articolo determinativo

- Gli articoli **determinativi** si possono usare prima di un nome che è già **conosciuto** a chi ascolta o legge.

  Voglio ascoltare **il** disco di Nec (chi ascolta sa cosa è "il disco di Nec").
  La bambina è a scuola (chi ascolta conosce "la bambina").

- Ci sono due articoli determinativi maschili: **il** > **i** e **lo** > **gli**.

il treno > **i** treni

lo scienziato > **gli** scienziati

- Normalmente con parole maschili che iniziano con consonante usiamo l'articolo **il > i**.

il panino > **i** panini

il regalo > **i** regali

- Usiamo l'articolo **lo > gli** con nomi maschili che cominciano con:

a) vocale (in questo caso l'articolo **lo** perde la vocale -**o** e diventa **l'**).

l'amico > **gli** amici

b) s + consonante;

lo studente > **gli** studenti

c) z-;

lo zaino > **gli** zaini

d) p + s;

lo psicologo > **gli** psicologi

e) y-;

lo yogurt >**gli y**ogurt

- L'articolo determinativo femminile è **la > le**.

la donna > **le** donne

la regione > **le** regioni

la ragazza > **le** ragazze

- L'articolo **la** perde la vocale **-a** e diventa **l'** prima di nomi femminili singolari che cominciano con vocale (a, e, i, o, u).

l'amica > **le a**miche

l'italiana > **le i**taliane

l'ora > **le** ore

articolo determinativo		
	singolare	**plurale**
maschile	**il**	**i**
maschile	**lo/l'**	**gli**
femminile	**la/l'**	**le**

Esercizi 2.2

1

Cosa desiderano Mohamed e Alessandra? Metti ogni parola al posto giusto nella tabella.

il	lo	l' (m)	i	gli	la	l' (f)	le
motorino		orologio	stivali	occhiali da sole	bicicletta nuova		scarpe da ginnastica
vestito da discoteca				stivali			
cd di Tiziano Ferro							
cellulare							
lettore cd							
computer portatile							

il corso di danza
il libro di HP

2

La mattina di Piero. Sottolinea l'articolo corretto, come nell'esempio.

La/Le mattina si lava **la/l'** faccia

Beve **lo/il** latte.

Prepara **lo/la** zaino

Mangia **gli/i** biscotti.

Mette **il/la** giacca.

Saluta **la/le** sorella.

Compra **lo/il** biglietto.

Prende **la/l'** autobus.

3

Sottolinea l'articolo corretto, come nell'esempio.

Le Stagioni. **Lo/Le/La** scuola inizia a settembre. **La/Il/L'** estate finisce e comincia **lo/l'/il** autunno: **le/il/gli/** giornate sono più corte e non fa più tanto caldo. **I/Gli/L'** alberi perdono **la/gli/le** foglie e spesso piove e tira vento. A dicembre inizia **lo/il/l'** inverno. Ora fa molto freddo: sui monti cade **la/lo/le** neve e si deve mettere **il/lo/i** cappotto, **la/le/il** sciarpa e **il/gli/i** guanti. Poi inizia a fare più caldo: **i/gli/le** giorni diventano più lunghi, e **il/lo/le** tempo migliora. **Il/Le/La** mese di marzo spesso cade **la/le/il** pioggia: è **il /la/le** primavera. **Lo/I/Gli** prati diventano verdi e nascono **il/gli/i** fiori. È **la/lo/le** stagione delle ciliegie. Intanto **la/le/lo** scuola è quasi finita: a giugno iniziano **il/le/la** vacanze per **gli/i/le** studenti e finalmente è di nuovo tornata **lo/l'/la** estate. C'è caldo, si aprono **le/i/la** piscine e in Agosto **le/la/lo** città sono quasi vuote: sono tutti al mare!

4

Usa un articolo maschile: **il > i o lo > gli**, come nell'esempio. Poi rispondi alla domanda.

Per gli italiani è ___ sport preferito. ___ bambini giocano sempre con ___ genitori; i ragazzi giocano con ___ amici, ___ studenti giocano dopo la scuola. ___ amici giocano spesso ___ sabato o la domenica o in vacanza. A volte la domenica ___ padri portano ___ figli a vedere una partita della squadra preferita e ___ stadi sono sempre pieni durante ___ campionato. ___ professionisti di questo sport sono spesso molto ricchi.

Conosci questo sport? Come si chiama? ______

L'articolo

5

Metti l'articolo determinativo corretto e decidi se le frasi sono vere o false (Esercizio da fare con tutta la classe).

In Italia:	vero	falso
ESEMPIO: Giulio Cesare passò il Rubicone.	☒	☐
1. ___ nome di un famoso dio egizio è Anubi.	☐	☐
2. Simon Bolivar è ___ eroe nazionale della Norvegia.	☐	☐
3. ___ paese di Napoleone Bonaparte era ___ Spagna.	☐	☐
4. ___ Grande Muraglia si trova in Africa	☐	☐
5. Cristoforo Colombo scoprì ___ America nel 1642.	☐	☐
6. ___ antichi Etruschi erano un popolo del nord Europa.	☐	☐
7. ___ guerre mondiali sono state due.	☐	☐
8. ___ antichi greci adoravano Zeus.	☐	☐
9. A Sparta anche ___ bambini imparavano a fare ___ guerra.	☐	☐
10. ___ Medio Evo è durato pochi anni.	☐	☐
11. ___ Rivoluzione francese è avvenuta nel 1789.	☐	☐
12. In Francia, nell'antichità, abitavano ___ Galli.	☐	☐
13. ___ barbari invasero ___ Italia nel 1900.	☐	☐
14. ___ Incas sono un popolo del sud America.	☐	☐
15. Garibaldi è chiamato anche "___ eroe dei due mondi".	☐	☐

6

Nel testo ci sono 4 articoli sbagliati. Quali sono? Sottolineali.

In Italia ci sono molte feste. Per i ragazzi la più importante è Natale (25 Dicembre): non si va a scuola per quasi 20 giorni e in più si ricevono i regali!

E poi durante i periodo delle feste natalizie si festeggia anche capodanno (31 Dicembre) con fuochi d'artificio e il notte del 6 di Gennaio è tradizione mettere una calza vuota appesa che la befana riempie di dolci e regali. A Febbraio c'è un'altra festa divertente: lo carnevale!!! Chi vuole si mette in maschera e i ragazzi si divertono a tirare i coriandoli e le stelle filanti.

A Pasqua invece si mangia la colomba e il giorno dopo (lunedì di Pasquetta) si fanno gite in campagna.

In Italia non si va a scuola anche il 25 Aprile – festa della Liberazione – e il Primo Maggio – festa dei lavoratori.

In estate l'unica festa è quella di Ferragosto (15 Agosto): di solito l'italiani vanno al mare.

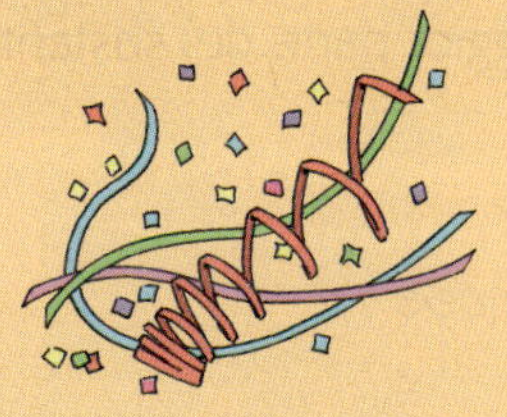

2.3 L'articolo indeterminativo

- Gli articoli **indeterminativi** si possono usare quando si introduce un'informazione **nuova** per chi ascolta o legge.

Devo comprare **un** diario nuovo.
Oggi incontro **un** ragazzo.

- Gli articoli **indeterminativi** si usano di solito quando si parla di qualcosa **in generale**.

Voglio ascoltare **un** disco di Vasco.
Un cane corre in strada!

- Ci sono due articoli indeterminativi maschili: **un** e **uno**.

un giorno

uno specchio

- Usiamo **un** con la maggior parte dei sostantivi maschili.

un mese

- Usiamo **uno** con sostantivi maschili che cominciano con:
s + consonante; z-; p + n; y- .

uno studente

uno zaino

uno pneumatico

uno yogurt

- L'articolo indeterminativo femminile è **una**.

una primavera

una macchina

una scuola

- Usiamo **un'** con sostantivi femminili che cominciano con vocale.

un'estate

un'ora

un'auto

articolo indeterminativo	
maschile	un
maschile	uno
femminile	una/un'

Esercizi 2.3

1 Metti i sostantivi in tabella sotto l'articolo giusto, come negli esempi.

professore

studente

colla

quaderno

pneumatico

astuccio

lavagna

mese

sport

aula

direttore

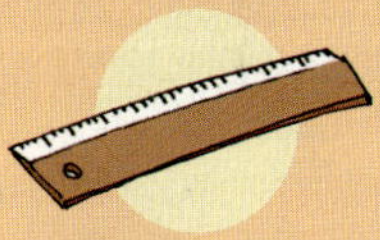
righello

ora

direttrice

cartella

diario

yogurt

penna

<u>matita</u>; <u>banco</u>; professore; studente; colla; sciatore; quaderno; pneumatico; astuccio; lavagna; mese; sport; aula; righello; direttore; ora; direttrice; cartella; diario; penna; yogurt.

un	uno	una	un'
direttore	studente	penna	aula
quaderno	pneumatico	colla	ora
astucio	sport	lavagna	
mese	yogurt	diretrice	
~~direttore~~ professore		cartella	
righello		~~penna~~ matita	

diario
banco

2

Scegli l'articolo indeterminativo corretto. Poi indovina chi è il personaggio.

È **un/uno/una** antico romano, **una/un/uno** personaggio molto famoso. Ha scritto **un/uno/una** libro in cui racconta come ha sconfitto **un/uno/una** popolo della Francia: i Galli. Ha avuto **un'/uno/una** storia d'amore molto conosciuta con **una/un/uno** regina egiziana su cui hanno fatto molti film. Ha avuto **un'/uno/una** morte tragica: è stato ucciso con molte pugnalate.

Chi è? Marco Aurelio

È **un'/uno/un** famoso condottiero di origine mongola. Ha conquistato tutta l'Asia e **una/un/uno** parte del Medio Oriente con battaglie rapide e sanguinose. È considerato **un/una/uno** guerriero crudele e feroce con **una/uno/un'** grande conoscenza dell'arte militare.

Chi è? ____________________

È **uno/un'/un** italiano, **uno/una/un** inventore, **uno/un/una** pittore, **uno/una/un** scienziato e **uno/un/una** scrittore. È **uno/una/un** rappresentante dell'Umanesimo italiano. **Uno/Un'/Una** opera molto famosa di questo grande italiano è a Parigi. È **una/uno/un** quadro di **un/una/uno** donna con **uno/un/una** sorriso enigmatico. Suo è anche **un/uno/una** modello del primo aereo.

Chi è? ____________________

3

Metti l'articolo indeterminativo corretto come nell'esempio e decidi se le affermazioni sono vere o false.

	vero	falso
ESEMPIO: Natale è una festa in cui si fanno i regali.	☒	☐
1. Il panettone è ____ dolce di Natale.	☐	☐
2. A Capodanno fare i fuochi d'artificio è ____ tradizione.	☐	☐
3. La befana è ____ ragazza giovane e carina.	☐	☐
4. A Viareggio ogni anno c'è ____ famosa sfilata di Carnevale.	☐	☐
5. I bambini festeggiano la Pasqua mettendo ____ maschera.	☐	☐
6. In Italia, il 25 Aprile non è ____ festa nazionale.	☐	☐
7. Il primo maggio i lavoratori fanno ____ corteo per le strade.	☐	☐
8. A Ferragosto gli italiani amano riposarsi su ____ bella spiaggia.	☐	☐
9. Il giorno prima del compleanno si mangia ____ torta.	☐	☐
10. ____ volta all'anno ogni paese e ogni città festeggia il santo patrono.	☐	☐

4

Cosa metti nella cartella? Sottolinea quali oggetti portare a scuola.
Aggiungi a ogni parola l'articolo indeterminativo corretto, come negli esempi.

un' agenda
un biglietto dell'autobus
___ cartolina del mare
___ camicia hawaiana
___ astuccio
___ martello
___ giornale sportivo
___ maglietta della squadra
___ maschera subacquea
___ paio di scarpe da ginnastica
___ paio di occhiali da sole
___ libro di storia
___ calcolatrice
___ spago
___ penna
___ diario
___ telefonino
___ telo da spiaggia
___ tubetto di crema solare
___ squadra
___ righello

5

Scegli l'articolo corretto.

È **il/un** libro italiano molto famoso. Racconta **la/una** storia di **il/un** "bambino" che dice sempre tante bugie. È **una/la** storia di fantasia e ci sono tanti personaggi 'strani': **un/lo** grillo che parla, **un/una** gatto e **un/una** volpe, **un/uno** tonno, **una/la** balena e **la/una** Fata Turchina. **Il/un** titolo del libro è proprio **un/il** nome del personaggio principale della storia.

Che libro è? Pinocchio

Congiungi i puntini in ordine alfabetico e scopri il protagonista.

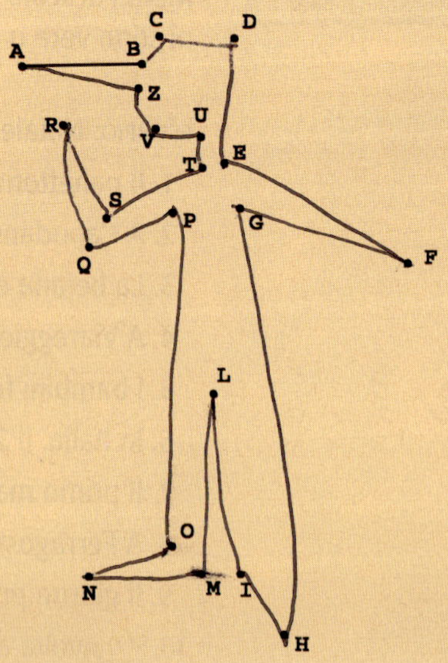

L'articolo

6

Completa il testo con gli articoli: usa gli articoli determinativi negli spazi ____ e gli articoli indeterminativi negli spazi _ _ _ .

____ Italia è _ _ _ penisola con la forma simile a _ _ _ stivale. ____ italiani sono circa cinquantasette milioni e ____ regioni italiane sono venti. ____ italiano non è la sola lingua parlata in Italia; ci sono anche ____ tedesco, ____ francese, ____ catalano, ____ greco, ____ sloveno e ____ albanese. Roma, ____ capitale d'Italia, si trova nel Lazio: è _ _ _ città molto bella e i suoi monumenti e musei sono famosi in tutto ____ mondo. Dentro ____ città di Roma c'è _ _ _ stato indipendente, molto piccolo e molto potente, ____ Vaticano, centro della religione cattolica. Ma ____ Vaticano non è ____ unico stato indipendente in Italia. C'è _ _ _ altro stato piccolissimo, vicino al mare Adriatico, in cima a _ _ _ montagna: ____ stato di San Marino. Insomma, ____ penisola italiana presenta molte realtà differenti e _ _ _ grande varietà di culture.

7

Completa le frasi con l'articolo determinativo o indeterminativo.

1. ______ Italia è nell'Europa meridionale.
2. ______ Vaticano è ______ stato indipendente.
3. Venezia è ______ città del Veneto.
4. Dante è ______ famoso poeta italiano.
5. Ferragosto (15 agosto) in Italia è ______ festa nazionale.
6. ______ Ferrari è ______ macchina italiana.
7. ______ 17 è un numero sfortunato.
8. Di solito ______ italiani a tavola mangiano ______ pasta.

Unità di Apprendimento 3

Essere e avere

3.1 I verbi essere e avere

- **Essere** e **avere** sono verbi molto importanti in italiano.

Essere

Ahmed **è** molto alto.

Siamo in ritardo.

Siete stanchi?

I libri **sono** in classe.

Avere

Anna **ha** sete.

Abbiamo freddo!

Avete caldo?

Carlo e Irina **hanno** fame.

Esercizi 3.1

1

Scrivi i nomi prima di ogni frase come nell'esempio.

Amina	ha un cane
	ha due penne
	ha tre finestre
	è brutto
	è triste
	è romantica

Carlo

Ylenia

Rita

Amina

La casa

Rusty

2

Trova le due frasi sbagliate.

	giusta	sbagliata
1. La mia casa è grande	☐	☐
2. Francesca è romantica	☐	☐
3. Venezia è una città del Veneto.	☐	☐
4. Yuri ha i capelli neri.	☐	☐
5. Marja ha stanca.	☐	☐
6. La Ferrari è bella.	☐	☐
7. Mio fratello Marco ha 16 anni.	☐	☐
8. La prof è il registro di classe.	☐	☐
9. La mamma di Giulia ha 3 sorelle.	☐	☐

Ora prova a riscrivere le due frasi sbagliate in modo giusto:

____

____

____

____

3.2 Il presente di essere e avere

essere e avere – indicativo presente		
	essere	avere
io	sono	ho
tu	sei	hai
lui/lei/Lei	è	ha
noi	siamo	abbiamo
voi	siete	avete
loro	sono	hanno

Esercizi 3.2

1 Completa la coniugazione del presente indicativo di essere e avere.

	essere	avere
io		
tu		**hai**
lui/lei/Lei	**è**	
noi	**siamo**	
voi		**avete**
loro		

2 Sottolinea la forma corretta del verbo essere.
ESEMPIO: Marco **sono/è** alto.

1. Gli occhi di Xiao Lei **sono/siamo** neri.
2. Shreck **è/sono** un orco.
3. Io **sono/è** sempre allegro.
4. Le tue gambe **sono/siete** magre.
5. Bob ed io **siamo/sono** amici.
6. Tu **sei/è** simpatica.
7. Voi **sono/siete** bionde, noi **siamo/è** mori.

3

Scegli la forma corretta del verbo avere e indovina chi è il famoso personaggio di cui si parla.
ESEMPIO: Rita <u>ha</u>/**ho** venti anni.

1) Ha il nome di un animale piccolo, peloso e che **avete/ha/hanno** tante zampe. Non **ha/ho/avete** una casa sua: abita ancora con la nonna, in America (USA). **Ha/Ho/Hai** strani poteri che usa per combattere i malvagi. **Ha/Ho/Hanno** un costume rosso e blu. Chi è? ____________
2) Vive in un collegio in Inghilterra, dove **hanno/abbiamo/ha** tanti amici. È una ragazzo giovane, **ho/ha/avete** i capelli castani tagliati a caschetto e **ho/ha/abbiamo** un paio di occhiali tondi. **Ha/Ho/Abbiamo** dei poteri magici che gli servono per combattere il male. È il protagonista di una serie di libri e ora anche di film. Chi è? ____________
3) **Ha/Ho/Avete** la pelle di uno strano colore verde. È grasso, brutto e **ha/hanno/abbiamo** davvero delle cattive abitudini, soprattutto quando mangia. È il protagonista di un famoso cartone animato in cui **hanno/ha/abbiamo** una storia d'amore con una principessa che alla fine si trasforma in una 'orchessa'.
Chi è? ____________

(Uomo Ragno, Harry Pottere, Shrek)

4

Sottolinea il verbo corretto nel racconto.

Sono/È/Siete domenica, **sono/è/hanno** pomeriggio e Mohamed **ha/è** in camera in attesa del suo migliore amico per andare al campo di calcio. Urla: "Mamma! Che ore **sei/sono/siete**?". La madre arriva subito. "Che **sei/hai/avete** tesoro? Vuoi qualcosa?" "Solo sapere l'ora." "**Hanno/Siete/Sono** le tre e cinque" risponde la mamma. "Senti mamma, - dice Mohamed - dove **sono/hanno/è** la borsa del calcio? Oggi **ho/ha/hanno** la partita! Mi passano a prendere i genitori di Luca ma **è/sono/siete** in ritardo!!". La mamma **ha/è/abbiamo** un po' preoccupata e dice: "**Sei/Hai/Sono** fretta? A che ora **ho/avete/ha** fissato l'appuntamento?". "Alle tre perché la partita **ho/è/ha** alle tre e mezzo, ma Luca ancora non arriva." La mamma di Mohamed pensa: "Povero Mohamed! **È/Ha/Siete** sempre agitato prima delle partite! **Ha/È/Hanno** sempre paura di perdere…Speriamo solo che Luca arrivi presto!"

5

Metti i verbi essere e avere al presente e indovina di quale personaggio si parla.

______ delle orecchie grandi grandi e tonde. È basso, ______ una coda lunga e sottile e ______ solo 4 dita nelle mani. ______ intelligente e molto sveglio. Pippo ______ il suo migliore amico. ______ una fidanzata di nome Minni. Risolve tanti 'casi' complicati per aiutare il commissario Basettoni.
Chi è? ____________

3.3 C'è e ci sono

- **C'è** (singolare) e **ci sono** (plurale) indicano la presenza di cose o persone in un posto.

Sul banco ***c'è*** una penna.

Carlo non ***c'è***, è a casa.

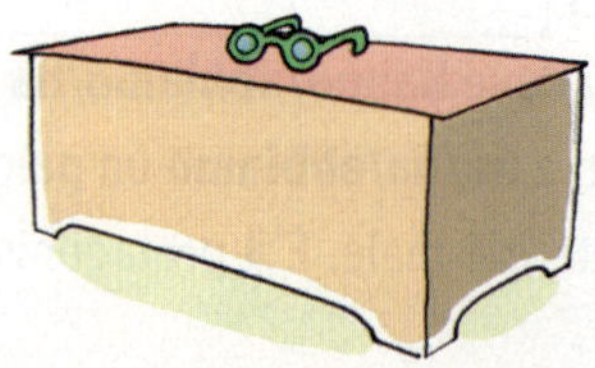

Sulla cattedra ***ci sono*** gli occhiali.

In palestra ***ci sono*** dieci studenti.

Esercizi 3.3

1

C'è o ci sono? Scegli l'espressione giusta e decidi se le frasi sono vere o false (Esercizio da fare con tutta la classe).

	vero	falso
1. Nel sud Italia **c'è/ci sono** le Alpi.	☐	☐
2. Vicino Roma **c'è/ci sono** il mar Ionio.	☐	☐
3. A Milano **c'è/ci sono** le isole.	☐	☐
4. A Venezia **c'è/ci sono** il mare.	☐	☐
5. In Calabria non **c'è/ci sono** montagne.	☐	☐
6. In Emilia Romagna **c'è/ci sono** la pianura padana.	☐	☐
7. In Umbria non **c'è/ci sono** il mare.	☐	☐
8. In Italia non **c'è/ci sono** vulcani.	☐	☐

Unità di Apprendimento 4

L'aggettivo

4.1 Che cos'è l'aggettivo?

- L'**aggettivo** serve a dire qualcosa in più su un nome.

In classe c'è una ragazza **alta**.
In classe c'è un ragazzo **basso**.

Esercizi 4.1

1 Cosa c'è in classe? Scrivi quanti sono gli oggetti scritti nella lista sotto al disegno.

In classe ci sono:

- [4] penne rosse;
- [ ] sedia nuova;
- [ ] libri gialli;
- [ ] finestre rotte;
- [ ] cassetti aperti;
- [ ] diario aperto.

2 Sottolinea nel testo gli aggettivi, come nell'esempio.

Consigli per leggere un libro.
Lo scrittore Italo Calvino dice che serve un libro **interessante**, tempo abbondante, una persona rilassata, la porta chiusa, la televisione spenta, una posizione comoda. Ma qual è la posizione ideale per leggere? Le gambe sono allungate e i piedi distesi, l'atmosfera deve essere adatta . (adattato da I. Calvino, "Se una notte d'inverno un viaggiatore")

4.2 La forma degli aggettivi

- L'aggettivo "guarda" sempre il nome per capire se deve essere **maschile** o **femminile**, **singolare** o **plurale**.

Guarda! Un **gatto nero**! (gatto: nome maschile singolare, nero: aggettivo maschile singolare)

- Come i nomi, anche gli aggettivi si dividono in due gruppi:

a) quelli che hanno il singolare in **-o** (maschile) e **-a** (femminile).

Il libro **nuov -o** (maschile).
La macchina **nuov -a** (femminile).

b) quelli che hanno il singolare in **-e** (maschile e femminile).

Il libro **verd -e** (maschile).
La macchina **verd -e** (femminile).

Gli aggettivi in -o e in -a

- Gli aggettivi del 1° gruppo hanno quattro terminazioni:

maschile singolare: **-o**
maschile plurale: **-i**
femminile singolare: **-a**
femminile plurale: **-e**

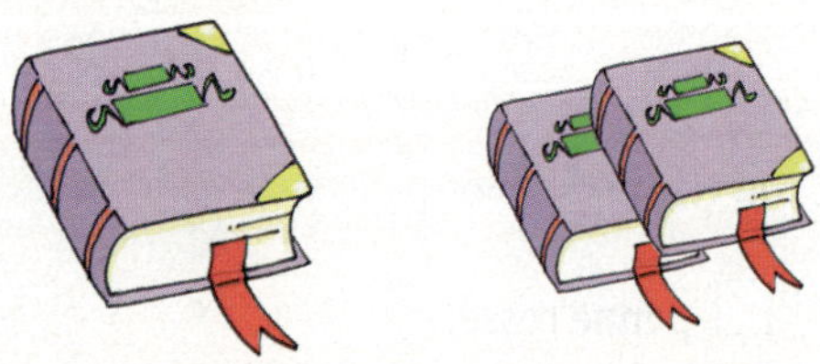

il libro bell**o**
> i libri bell**i**

il semaforo ross**o**
> i semafori ross**i**

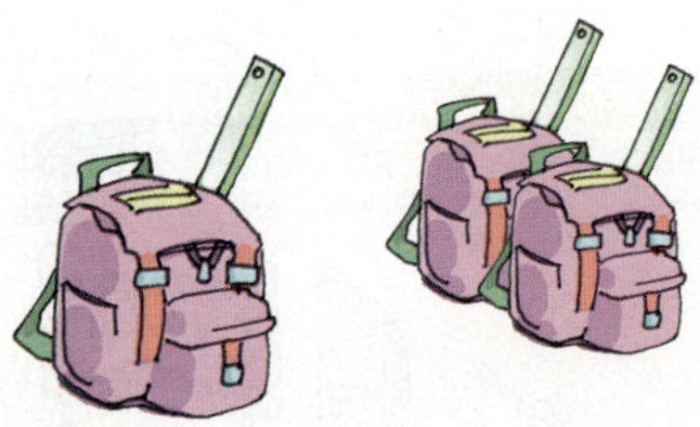

la cartella pien**a**
> le cartelle pien**e**

aggettivo qualificativo 1° gruppo		
	singolare	plurale
maschile	-o	-i
femminile	-a	-e

Gli aggettivi in -e

- Gli aggettivi del 2° gruppo hanno due terminazioni (il maschile e il femminile sono uguali):
  maschile e femminile singolare: **-e**   maschile e femminile plurale: **-i**

l'albero grand**e** > gli alberi grand**i**

la macchina grand**e** > le macchine grand**i**

il libro interessant**e** > i libri interessant**i**

la storia interessant**e** > le storie interessant**i**

lo studente intelligent**e** > gli studenti intelligent**i**

la studentessa intelligent**e** > le studentesse intelligent**i**

la cantante ingles**e** > le cantanti ingles**i**

la ragazza veloc**e** > le ragazze veloc**i**

aggettivo qualificativo 2° gruppo		
	singolare	plurale
maschile/femminile	-e	-i

Esercizi 4.2

1

Trova gli aggettivi corretti per Adrian e Simona.

alta - anziano - basso - bionda - brutto - calvo - felice - giovane - grasso - interessante - magra - miope - pigro - riccia - sportiva - triste

Adrian è ____________________
____
____
____
____

Simona è ____________________
____
____
____
____

2

Scegli le frasi corrette. Seguile come nell'esempio. Troverai il nome del punto più a sud dell'Italia.

a) un cane bianca	un cane bianche	**un cane bianco**	un cane bianchi
b) un letto grandi	un letto grande	un letto granda	un letto grando
c) un gatto nero	un gatto neri	un gatto nera	un gatto nere
d) un film americane	un film americana	un film americano	un film americani
e) un lavoro interessanti	un lavoro interessante	un lavoro interessanta	un lavoro interessanto
↓	↓	↓	↓
LINOSA	**LAMPEDUSA**	**PANTELLERIA**	**SIRACUSA**

3

Scegli l'aggettivo corretto. Poi scrivi la descrizione del tuo amico ideale.

Secondo Maria l'amica **ideali/ideale** è **divertente/divertenti**, **simpatico/simpatica**, **intelligente/intelligenti** e **allegro/allegra**. Mette vestiti **sportivo/sportivi** e **colorate/colorati** e ascolta musica **straniero/straniera.** È **brava/brave** a scuola ma non troppo "**secchione/secchiona**": è una **perfetto/perfetta** compagna di banco! Invece la **vere/vera** compagna di banco di Maria è sempre **seria/serio** e non ride mai. Non è **antipatico/antipatica:** è solo troppo "**secchioni/secchiona**" e troppo **tranquille/tranquilla!** Insomma è un po' **noioso/noiosa…** Però è molto **gentili/gentile** e aiuta Maria quando ci sono dei compiti in classe **difficili/difficile**.

Come è il tuo amico ideale / la tua amica ideale? Prova a fare una descrizione. Ecco alcuni aggettivi che ti possono essere utili:
intelligente - allegro - felice- gentile - generoso - sportivo - bello - carino - simpatico - veloce - furbo - interessante - imbranato - dolce - premuroso - affidabile - contento - serio - amichevole - sincero

Secondo me l'amic__ ideal__ è ____________________
____
____

L'aggettivo

4

Completa l'aggettivo nella forma corretta e decidi se la frase è vera o falsa, come nell'esempio.

In Italia:

	vero	falso
1. L'inverno è molto caldo.	☐	☒
2. La temperatura primaverile è molto fredd__.	☐	☐
3. I mesi estiv__ sono cald__.	☐	☐
4. Il 15 agosto è una festa nazional__.	☐	☐
5. D'estate c'è pioggia abbondant__.	☐	☐
6. D'autunno comincia l'anno scolastic__.	☐	☐
7. Il primo maggio è un giorno festiv__.	☐	☐
8. Le spiagge in inverno sono pien__ di ombrelloni.	☐	☐
9. Nel periodo invernal__ c'è il Carnevale.	☐	☐

5

Metti gli aggettivi nella forma corretta. Tra parentesi trovi la forma base (maschile singolare). Poi scrivi che tipo sei.

Avinash è una ragazza un po' (timido) ______________, parla sempre a voce (basso) ________, è (ordinato) ____________ e molto (studioso) _____________. Sonia è sempre (allegro) _____________ e (spensierato) _____________, un po' (disordinato) ___________, molto (gentile) ___________ e (pieno) ___________ di amici. Enis è una ragazzo molto (furbo) __________ e (intelligente) __________, è (bravo) ______________ a ginnastica ma è un po' (pigro) ___________ quando deve studiare. Non sempre è (sincero) ___________.
José è un tipo (frettoloso) ______________e poco (rilassato) __________________, spesso anzi è un po' (nervoso) __________ però è anche molto (divertente) _____________ e conosce un sacco di barzellette (spiritoso)________________. Luca è un ragazzo (carino) _____________, a volte un po' (solitario) ___________ e (pensieroso) ____________; è molto (bravo) ___________nelle materie (scientifico) ________________.

E tu, che tipo sei? Assomigli a qualcuno dei ragazzi descritti sopra?

Io sono ____

____

6

Riscrivi il testo qui sotto cercando per ogni aggettivo il significato contrario.
ESEMPIO: La casa di **Giovanna** è **grande** e **economica**. → La casa di **Giovanni** è **piccola** e **cara**.

La **ragazza** del banco davanti al mio è **magra**, **alta**, con capelli **neri lunghi** e **lisci**. È **simpatica** e **gentile**. Fa battute **divertenti** ed è sempre molto **allegra**. Ha un **grande** zaino **pieno** di libri. È **straniera** ma vive qui da **molti** anni. In ginnastica ha il voto più **alto** della classe: infatti è **agile** e **veloce** ed è molto **forte** nei giochi di squadra.

Il ragazzo del banco davanti al mio è grasso, ...

____

____

Unità di Apprendimento 5

Il presente indicativo dei verbi regolari

5.1 Che cos'è il verbo?

- Il verbo spiega cosa fa o com'è una persona, un animale o una cosa.
  Alessio **mangia** gli spaghetti. (cosa fa Alessio).
  La vita **è** bella (com'è la vita).

Per capire cosa significa un verbo, devi cercare sul dizionario la **forma base**, che si chiama **Infinito**.

I verbi italiani si dividono in tre gruppi, le **CONIUGAZIONI**:

- **PRIMA CONIUGAZIONE:** verbi che hanno l'**infinito** che termina in -**are**.
  1. Parl**are** → **Parlo** inglese e francese.

- **SECONDA CONIUGAZIONE:** verbi che hanno l'**infinito** che termina in -**ere**.
  2. Ved**ere** → **Vedo** un film.

- **TERZA CONIUGAZIONE:** verbi che hanno l'**infinito** che termina in –**ire**.
  3a. Part**ire** → **Parto** alle 16.00.
  3b. Cap**ire** → Non **capisco**.

Esercizi 5.1

1

Sottolinea, tra le parole qui sotto, solo i verbi, come nell'esempio.

Mangiare Giocare Ragazzo Studiare Cantante Bere Dottore Scrivere Dormire Attore Padre Andare Gelato Cantare Prendere Alunno Salire Scendere

2

Scrivi a quale coniugazione appartengono i verbi che hai sottolineato nell'esercizio 2. Poi cerca cosa significano sul tuo dizionario.

Prima coniugazione: Mangiare Cosa significa? ____________
Prima coniugazione: ____________ Cosa significa? ____________
Prima coniugazione: ____________ Cosa significa? ____________
Prima coniugazione: ____________ Cosa significa? ____________
Prima coniugazione: ____________ Cosa significa? ____________
Seconda coniugazione: ____________ Cosa significa? ____________
Seconda coniugazione ____________ Cosa significa? ____________
Seconda coniugazione: ____________ Cosa significa? ____________
Seconda coniugazione: ____________ Cosa significa? ____________
Terza coniugazione: ____________ Cosa significa? ____________
Terza coniugazione: ____________ Cosa significa? ____________

5.2 Le forme del presente regolare

gruppo 1: verbi in -are		
io	(*comprare*) Compr**o** un giornale.	**-o**
tu	(*parlare*) Parl**i** inglese?	**-i**
lui/lei/Lei (formale)	(*giocare*) Simona gioc**a** a tennis.	**-a**
noi	(*lavorare*) Lavor**iamo** in banca.	**-iamo**
voi	(*ascoltare*) Ascolt**ate** la radio.	**-ate**
loro	(*suonare*) Suon**ano** la chitarra.	**-ano**
gruppo 2: verbi in -ere		
io	(*vedere*) Ved**o** la TV.	**-o**
tu	(*chiudere*) Chiud**i** la porta.	**-i**
lui/lei/Lei (formale)	(*scrivere*) Professoressa, a chi scriv**e**?	**-e**
noi	(*mettere*) Mett**iamo** un maglione.	**-iamo**
voi	(*leggere*) Legg**ete** un libro.	**-ete**
loro	(*rispondere*) Rispond**ono** bene.	**-ono**

gruppo 3a: verbi in -ire		
io	(*partire*) Part**o** per Napoli.	**-o**
tu	(*dormire*) Dorm**i** sempre troppo.	**-i**
lui/lei/Lei (formale)	(*sentire*) Carlo sent**e** la musica.	**-e**
noi	(*aprire*) Apr**iamo** la finestra.	**-iamo**
voi	(*offrire*) Offr**ite** voi il caffè?	**-ite**
loro	(*seguire*) Segu**ono** le istruzioni.	**-ono**
gruppo 3b: verbi in -ire (-isco)		
io	(*capire*) Non cap**isco**.	**-isc-o**
tu	(*capire*) Cap**isci** l'italiano?	**-isc-i**
lui/lei/Lei (formale)	(*finire*) La lezione fin**isce** alle 13.00.	**-isc-e**
noi	(*pulire*) Pul**iamo** il banco.	**-iamo**
voi	(*preferire*) Prefer**ite** l'acqua gassata?	**-ite**
loro	(*costruire*) Costru**iscono** una casa.	**-isc-ono**

riassunto dei verbi regolari – indicativo presente				
	*am-**are***	*ved-**ere***	*apr-**ire***	*cap-**ire***
io	am-**o**	ved-**o**	apr-**o**	cap-**isc-o**
tu	am-**i**	ved-**i**	apr-**i**	cap-**isc-i**
lui/lei/Lei (formale)	am-**a**	ved-**e**	apr-**e**	cap-**isc-e**
noi	am-**iamo**	ved-**iamo**	apr-**iamo**	cap-**iamo**
voi	am-**ate**	ved-**ete**	apr-**ite**	cap-**ite**
loro	am-**ano**	ved-**ono**	apr-**ono**	cap-**isc-ono**

Esercizi 5.2

1

I mestieri. Cosa fanno queste persone? Scrivi negli spazi bianchi chi svolge i lavori della lista, come nell'esempio.

a. il postino

b. il commesso

c. lo spazzino

d. il barista

e. il cantante

f. il cuoco

g. il militare

h. l'impiegato

i. l'ingegnere

j. lo scrittore

- ☐ scrive libri
- ☐ pulisce le strade
- a **porta la posta**
- ☐ prepara da mangiare
- ☐ lavora in ufficio
- ☐ serve i clienti di un negozio
- ☐ progetta macchine
- ☐ lavora nel bar
- ☐ fa i concerti
- ☐ esegue gli ordini

2

Completa la coniugazione del presente.

	parl**are**	ved**ere**	part**ire**	fin**ire**
io	**parlo**		**parto**	
tu				**finisci**
lui/lei/Lei	**parla**	**vede**		
noi			**partiamo**	
voi				**finite**
loro				

3

Verbi in -are. Metti i verbi al presente.
ESEMPIO: Luisa (parlare) **parla** troppo.

1. Io (lavorare) __________ in banca.
2. Hassan (parlare) __________ bene l'inglese perché (abitare) __________ in Inghilterra.
3. Quando (voi/giocare) __________ a calcio?
4. (io/Pensare) __________ spesso alla mia famiglia.
5. Scusi, a che ora (arrivare) __________ il treno?
6. Perché non (tu/comprare) __________ un biglietto dell'autobus?
7. Anne (portare) __________ la sorella all'asilo.
8. Normalmente gli italiani (studiare) __________ inglese a scuola.
9. (noi/Tornare) __________ a Roma lunedì.
10. Signora, Lei (guidare) __________?

4

Verbi in -ere. Metti i verbi al presente.
ESEMPIO: A chi (tu/scrivere) **scrivi** questa lettera?

1. (tu/Vedere) ___________ quella ragazza? È russa.
2. (io/Perdere) ___________ sempre le chiavi di casa.
3. Maria (chiudere) ___________ la porta perché ha freddo.
4. (io/Vivere) ___________ in Italia da 4 anni.
5. Se non (voi/mettere) ___________ l'indirizzo corretto la lettera non arriva.
6. I genitori non (permettere) ___________ a Samira di uscire la sera.
7. Noi (vivere) ___________ in un appartamento in centro.
8. Paolo (cadere) ___________ spesso quando gioca a calcio.
9. Albert lavora in un negozio di dischi e (vendere) ___________ molti CD.

5

Verbi in -ire. Metti i verbi al presente.
ESEMPIO: Di solito (noi/dormire) **dormiamo** otto ore.

1. "Quale musica (tu/preferire) ___________?" "(io/Preferire) ___________ quella da discoteca."
2. Manuel (partire) ___________ domani per le vacanze.
3. A che ora (tu/finire) ___________ di studiare?
4. (tu/Sentire) ___________ anche tu questa confusione? Ma che cosa è successo?
5. Il concerto (finire) ___________ fra un'ora.
6. Anna (dormire) ___________ sempre troppo.
7. Loro non (capire) ___________ l'inglese.
8. Oggi (offrire) ___________ noi!
9. (io/Pulire) ___________ le scarpe da ginnastica: sono piene di fango!

6

Verbi in -are, -ere, -ire. Metti i verbi al presente.

1. Claudia (vivere) ___________ a Venezia e (frequentare) ___________ il Liceo scientifico.
2. Quando (io/studiare) ___________, (io/ascoltare) ___________ sempre la radio.
3. Ornella e Luca (partire) ___________ oggi per le vacanze. (Prendere) ___________ il treno fino a Napoli e poi il traghetto fino a Ischia.
4. Perché non (tu/pulire) ___________ la cucina, quando (tu/mangiare) ___________?
5. Voi (lavorare) ___________ troppo.
6. Sonia, se (preferire) ___________ la mia merenda, te la (regalare) ___________ volentieri.
7. Amina (giocare) ___________ molto bene a tennis.
8. Quando l'insegnante (parlare) ___________ piano, gli studenti (capire) ___________ meglio.
9. Questo esercizio non (finire) ___________ mai!

7 Chi sono queste persone? Sottolinea il verbo corretto e indovina il personaggio.

Ha/Ho un lavoro di grande responsabilità. **Prendo/Prende** io le decisioni più importanti del mio paese. **Giri/Giro** tutto il mondo soprattutto per incontrare le persone che **hanno/sono** il mio stesso lavoro. **Viaggiamo/viaggio** in aereo o con macchine molto belle e sempre scure ma non **guidi/guido** io: ho l'autista. Il mio lavoro **dura/durano** solo per un periodo, poi **finisco/finisce**. L'ultimo giorno dell'anno **parlo/parlano** a tutti dalla televisione. Hai capito chi sono?

IL P_ _ _ _ _ _ _ _ _ D _ _ _ _ R_ _ _ _ _ _ _ _ _

Sono/siamo una persona molto importante. **Abita/Abito** in un piccolo stato indipendente dentro l'Italia. **Ho/Ha** un "lavoro" di responsabilità e spesso **viaggiamo/viaggio** molto. Di solito **porta/porto** abiti bianchi e lunghi e uno strano cappellino sulla testa e la domenica molta gente **aspetta/aspettano** di vedermi quando **apre/apro** la finestra per parlare. Le guardie del mio stato **parlano/parlate** tedesco perché sono tutte svizzere. Hai capito chi sono?

IL P_ _ _

Lavoro/lavorate di mattina. **Vedono/Vedo** tanti ragazzi e ragazze ogni giorno. **Metto/mette** anche i voti sul registro ma con me i ragazzi non **hanno/ho** paura delle interrogazioni. Con me **sono/siamo** sempre tutti in movimento, nessuno **è/siete** mai fermo! La stanza dove **lavorate/lavoro sono/è** molto grande. Le mie ore in genere **sono/siamo** le preferite dai ragazzi. Hai capito che lavoro faccio?

IL P_ _ _ _ _ _ _ _ _ D _ G _ _ _ _ _ _ _ _ _

8 Metti i verbi al presente e indovina il titolo del libro. Se non lo conosci svolgi l'esercizio n° 9

È un romanzo italiano del 1980, è molto famoso e (vendere) ___________ ancora milioni di copie nel mondo. La storia (accadere) ___________ nel XIV secolo: un giovane monaco (accompagnare) ___________ un frate in un'abbazia e (scrivere) ___________ un diario dove (raccontare) ___________ cosa (succedere) ___________. Nell'abbazia c'è un mistero: qualcuno (assassinare) ___________ i monaci e nessuno (capire) ___________ perché. Il frate (investigare) ___________ sul mistero e il giovane monaco (cercare) ___________ di aiutarlo, ma i morti (aumentare) ___________. Alla fine il misterioso assassino (uccidere) ___________ 7 monaci! Il mistero (finire) ___________ quando il frate (scoprire) ___________ che la biblioteca dell'abbazia è molto importante per la soluzione e finalmente (trovare) ___________ l'assassino.

Sai qual è il titolo di questo libro? **IL _ _ _ _ DELLA _ _ _ _**

9 Non sai qual è il titolo del libro? Le risposte corrette nelle frasi a e b sono le parole che mancano nel titolo.

a) Saverio è un **nome/cognome/indirizzo**. b) La **saponetta/rosa/mela** è un fiore.

10

Metti i verbi al posto giusto nel testo.
preferiscono - usano - vincono - sa - sa - rispettano - accontenta - mangiano - guardano - insegna - è - beve

Vedere una scena dei Simpsons a tavola ______________ quali sono le cattive abitudini degli italiani. Come loro __________ troppo la televisione, ________________ troppo il telefonino, _____________ senza orario e soprattutto non _______________ le regole. Una volta si pensava che essere informati fosse sufficiente a non sbagliare. Non _____ vero. Homer ________benissimo che bere troppa birra fa male. Ma la ___________ di continuo. La moglie Marge ______ che è meglio cucinare cibi più leggeri, è anche una buona cuoca, ma ____________ marito e figli. Anche in Italia hamburger e patatine fritte ___________ sulla dieta mediterranea. Certo, c'è la pasta, ma i ragazzi _________________ i fast-food!».

Adattato dal "Corriere della Sera"

11

Leggi le presentazioni di Andrea, Veronica e Caterina e scrivi una piccola relazione su di loro, descrivendoli alla 3ª persona singolare, come negli esempi.

a) "Ciao. Mi chiamo Andrea e ho 17 anni. Sono di Milano e abito in centro, proprio dietro il Duomo. Faccio la terza superiore e vado a scuola dal lunedì al venerdì. Di solito dopo la scuola ritorno a casa, studio in po' e poi esco con gli amici a fare un giro. Tre volte alla settimana vado a Kung Fu assieme ad un amico. Non ho la ragazza ma amo molto una compagna di classe. La domenica esco in gruppo e andiamo a ballare in discoteca."

a) Si chiama Andrea e ha 17 anni…

____

____

b) "Mi chiamo Olga e ho 14 anni. Sono russa ma vivo a Bologna da due anni. Faccio al terza media e questo anno ho l'esame. Sono molto preoccupata perché quando scrivo in italiano faccio ancora molti errori. Nel tempo libero ascolto la musica e andare in bicicletta con le amiche di scuola. Qualche volta penso di finire la scuola, trovare un lavoretto per guadagnare un po' di soldi e poi andare a trovare i gli amici e i nonni in Russia. Per ora è solo un sogno ma forse in futuro …"

b) Si chiama Olga e ha 14 anni…

____

____

c) "Mi chiamo Naji, ho 15 anni, sono marocchino e vivo a Firenze. Quest'anno faccio il primo anno dell'istituto professionale. Ho trovato tanti amici e da qualche mese ho anche la ragazza. La vedo solo la domenica pomeriggio perché lei abita lontano e durante la settimana deve studiare. La incontro al luna park delle Cascine e poi stiamo lì assieme agli amici o facciamo un giro da soli. Durante la settimana la sento solo per telefono e le mando tanti messaggini."

c) Si chiama Naji e ha 15 anni…

____

____

Unità di Apprendimento 6

Il presente indicativo dei verbi irregolari

6.1 I verbi servili e il verbo sapere

- I verbi **volere**, **dovere** e **potere** si chiamano "verbi servili" (o modali). Generalmente non si usano da soli ma sono seguiti da un altro verbo all'infinito.
  Voglio mangiare un po'.
  Devo telefonare a casa.
  Posso uscire?
  Scusa, **puoi chiudere** la finestra?

- **Sapere** normalmente significa: avere l'abilità di fare una cosa, essere capace.
  Non **so giocare** a tennis. (= non so come si gioca).

- **Potere** di solito significa: avere la capacità fisica o l'abilità di fare una cosa o avere il permesso di fare una cosa.
  Oggi **non posso** giocare a tennis. (= non ho tempo/mia madre non mi dà il permesso).

- I verbi servili **volere**, **potere**, **dovere** e il verbo **sapere** hanno il presente irregolare.
  Voglio bere un po' d'acqua.
  Lina **vuole** comprare un motorino nuovo.
  Sandro **deve** fare la spesa.
  Dobbiamo studiare di più.
  Sapete usare il computer?
  I bambini non **possono** uscire da soli.

Completa tu la tabella dei verbi. Fatti aiutare dai tuoi compagni di classe.

verbi servili				
	volere	potere	dovere	sapere
io	voglio		devo	so
tu		puoi	devi	
lui/lei/Lei	vuole	può		sa
noi	vogliamo		dobbiamo	sappiamo
voi	volete	potete	dovete	
loro		possono		sanno

Esercizi 6.1

1

Sottolinea la forma corretta dei verbi servili.
ESEMPIO: Laura non **posso/può** mangiare le pesche. È allergica.

1. Oggi (io) **devo/deve** telefonare a Demir.
2. Aldo e Giacomo **vogliamo/vogliono** studiare lo spagnolo.
3. Noi non **possiamo/possono** giocare a palla nel giardino della scuola.
4. Se (tu) **voglio/vuoi** iscriverti a calcio **deve/devi** fare la visita medica.
5. Luca non **può/posso** andare alla festa perché ha l'influenza.
6. Gli studenti della III A **dovete/devono** fare molti compiti.
7. Scusi, (Lei) **puoi/può** dirmi che ore sono?
8. A che ora (voi) **dovete/deve** partire?
9. Perché le ragazze non **volete/vogliono** venire al cinema?
10. (tu) Non **può/puoi** stare fuori a giocare tutto il giorno!

2

Potere o sapere? Scrivi la frase giusta sotto ad ogni disegno.

1. non sa mangiare con le bacchette – 2. non sa leggere – 3. non può parlare – 4. non può mangiare la torta – 5. non può leggere – 6. non sa parlare – 7. non sa cucinare – 8. non può cucinare

_______________ _______________ _______________

3 Potere o sapere? Sottolinea il verbo corretto per ogni frase.
ESEMPIO: Ho mal di denti, non **posso**/**so** parlare.

1. Hai chiesto a tua mamma se **sai/puoi** venire a fare i compiti a casa mia ?
2. Oggi non **so/posso** venire al cinema perché ho da fare.
3. Scusa, **puoi/sai** che ore sono?
4. Luigi lavora in Francia ma non **sa/può** una parola di francese.
5. **Puoi/Sai** andare tu a chiamare Rosa in camera?
6. Mia sorella non **sa/può** venire in piscina: non **può/sa** nuotare perché è malata.
7. Non **possiamo/sappiamo** dove abita Oana.
8. **Possiamo/Sappiamo** venire a casa tua oggi?
9. Il professore di ginnastica ha detto che **sapete/potete** giocare con noi.

Il presente dei verbi irregolari

4 Sottolinea il verbo corretto.

ESEMPIO: Quando andiamo al ristorante **sappiamo/vogliamo/dobbiamo** sempre un tavolo per fumatori.

Marta e Alice sono gemelle e studiano nella stessa scuola, ma in due classi diverse. Marta è un tipo attivo ed è molto brava in tutti gli sport, Alice invece è più brava in italiano e filosofia e preferisce i libri allo sport. Domani Marta ha un compito di italiano e non **vuole/sa/deve** andare a scuola perché ha paura di prendere un brutto voto, quindi chiede ad Alice se **deve/può/sa** prendere il suo posto e fare il compito per lei, infatti la professoressa non la **vuole/deve/può** riconoscere! Alice risponde di sì, ma dice che allora Marta **sa/vuole/deve** prendere il suo posto alla partita di pallavolo di venerdì perché lei non **sa/deve/può** giocare bene e non **può/deve/vuole** fare una brutta figura. I genitori di Marta e Alice naturalmente non **sanno/devono/vogliono** niente di tutto questo e sono orgogliosi di quanto le loro figlie sono brave in tutto!

6.2 Altri verbi con presente irregolare

Completa la tabella. Fatti aiutare dai tuoi compagni di classe.

andare	bere	dare	dire
vado ______ va ______ andate vanno	bevo bevi ______ beviamo bevete ______	do dai dà diamo ______ danno	______ dici dice diciamo dite dicono
fare	**morire**	**rimanere**	**riuscire**
faccio fai ______ facciamo fate fanno	muoio muori muore moriamo ______ muoiono	______ rimani rimane rimaniamo rimanete rimangono	riesco ______ riesce riusciamo riuscite riescono
salire	**scegliere**	**sedere**	**stare**
salgo sali sale saliamo ______ salgono	______ scegli sceglie scegliamo scegliete scelgono	siedo siedi siede sediamo ______ siedono	sto ______ sta stiamo state stanno
tenere	**uscire**	**venire**	
tengo tieni tiene teniamo tenete ______	esco ______ esce usciamo uscite escono	vengo vieni viene ______ venite vengono	

Esercizi 6.2

1

Ricostruisci le frasi.
ESEMPIO: che ora/domani?/parti/a = **A che ora parti domani?**

1. andare/vogliamo/in vacanza. ______
2. rimanere/studiare?/perché/Rico/a casa/deve ______
3. di più./beviamo/d'estate ______
4. la/stranieri/italiana/per/difficile./è/lingua/gli ______
5. palla/non/a tuo/perché/la/dai/ fratello? ______
6. venire/a ballare./posso/ non ______
7. l'/sa/Karima/arabo. ______
8. domani?/fai/cosa ______
9. non usciamo/pomeriggio?/perché/domani ______

2

Oana è in vacanza dai nonni in Romania e scrive una cartolina alla sua migliore amica. Completa la lettera con i verbi della lista, come nell'esempio.

sto - andiamo - va - torniamo - vai - preferiscono - sono - stai - esco - viene - stanno - sono - dicono - sono

Ciao Anna!
Come *stai?* Io qui ______ benissimo! ______ dai miei nonni e ______ molto contenta. Ogni giorno ______ con miei cugini e insieme ______ in giro a divertirci. All'ora di pranzo e all'ora di cena il nonno ______ a chiamarci e ______ tutti a casa a mangiare. I nonni ______ bene e ogni giorno ______ che ______ quando ______ qui vicino a loro.
E lì da te come ______? Quando ______ al mare?

Ciao e a presto! Oana

3

Sottolinea la forma corretta del verbo e decidi se le frasi sono vere o false.

	vero	falso
1. Gli scienziati **dicono/danno** che un chilo di piombo pesa di più di un chilo di farina.	☐	☐
2. Se **puoi/devi** disegnare la linea più corta tra due punti **devi/puoi** fare una linea retta (diritta)	☐	☐
3. La metà di due + il doppio di 3 **fa/va** otto	☐	☐
4. Le temperature ai tropici **salgono/rimangono** rispetto alle temperature dei poli.	☐	☐
5. L'acqua di solito bolle a 100° ma, in alcuni casi, **può/sa** bollire anche a 90°.	☐	☐
6. Se dividi un numero per 1 **va/rimane** uguale	☐	☐
7. La luce **va/da** ad una velocità altissima.	☐	☐
9. I triangoli isosceli **hanno/fanno** 2 lati della stessa lunghezza.	☐	☐

4

Sottolinea il verbo giusto e forma il presente.
ESEMPIO: Piero (sapere/**volere**/fare) vuole diventare architetto.

1. (io) Non (volere/sapere/bere) _______ risolvere quel problema. È troppo difficile!
2. Prima di studiare le frazioni (tu) (volere/dovere/potere) ___________ saper fare bene i conti!!!
3. (Tu) (sapere/dire/potere) ___________ quanto fa 5 elevato al cubo?
4. Su Marte la temperatura (potere/sapere/fare) ________ scendere fino a -128°.
5. (Noi) Non (sapere/volere/potere) __________ molto della vita sulla terra nella preistoria.
6. Una molecola non (sapere/volere/potere) _________ essere composta da un solo atomo.
7. Gli scienziati ancora non (potere/sapere/volere) _____________ ancora spiegare molti fenomeni naturali.

5

Scegli la forma corretta del verbo in ogni frase e poi scegli la risposta che preferisci. Quando hai finito, controlla il punteggio e scopri se sei pessimista o ottimista.

Test psicologico – Come sono i tuoi compagni, ottimisti o pessimisti?
Fai il test tu stesso e ai tuoi compagni e segna il punteggio nella tabella.

1. Quando **sei/vai** invitato a una festa.
   a. **Hai/Sei** molto contento.
   b. Trovi una scusa e non **vai/fai**.
   c. **Puoi/Vuoi** sapere chi c'è.
   d. **Hai/Sei** imbarazzato.
   e. Pensi al vestito da mettere.

2. Il tuo mese preferito **è/fa**:
   a. Marzo.
   b. Dicembre.
   c. Giugno.
   d. Ottobre.
   e. Agosto.

3. Cosa **dici/dai** del tuo aspetto?
   a. **Sono/Devo** fare più attenzione.
   b. **Va/È** abbastanza bene.
   c. **Voglio/Vado** migliorare.
   d. Non **è/ha** molta importanza.
   e. **Sta/È** perfetto.

4. Cosa **hai/fai** se **tieni/vuoi** essere simpatico a qualcuno?
   a. Mostri sicurezza.
   b. Mostri che **fai/sei** interessato a lui o a lei.
   c. Sei riservato.
   d. Parli dei problemi che **sei/hai**.
   e. Ascolti.

5. Cosa pensi delle tue esperienze?
   a. **Hanno/Sono** interessanti.
   b. Sono personali e riservate.
   c. **Va/È** giusto raccontarle a tutti.
   d. **Voglio/Vado** raccontarle solo a persone sensibili.
   e. Va bene raccontarle agli amici.

Nome	Domanda n. 1	Domanda n. 2	Domanda n. 3	Domanda n. 4	Domanda n. 5	Punteggio totale

Punteggio					
	a	b	c	d	e
Risposta n. 1	10 punti	0 punti	5 punti	2 punti	8 punti
Risposta n. 2	10 punti	1 punto	7 punti	0 punti	4 punti
Risposta n. 3	8 punti	5 punti	0 punti	2 punti	10 punti
Risposta n. 4	10 punti	9 punti	0 punti	3 punti	6 punti
Risposta n. 5	10 punti	0 punti	5 punti	2 punti	8 punti

Risultati	
da 0 a 15	Sei molto pessimista e ansioso, malinconico e triste. Devi essere più positivo.
da 15 a 30	Oscilli fra pessimismo e ottimismo. Qualche volta sei disorientato e qualche volta pieno di energia.
da 30a 50	Sei prevalentemente ottimista e soddisfatto della vita. Hai molti amici e sei contento.

6 Trova i 2 verbi sbagliati nel testo.

Marte è il pianeta del sistema solare più vicino alla terra: la sua distanza da noi varia tra i 55 e i 101 milioni di chilometri. Insomma è proprio dietro l'angolo. Le fotografie scattate dalle sonde spaziali mostrano un paesaggio che assomiglia a un grande deserto con la sabbia di colore rosso. Su Marte ci sei numerosi vulcani a volte molto grandi, alti come tre volte il monte Everest!!! Un uomo non può respirare su Marte perché c'è troppa anidride carbonica e pochissimo ossigeno. I venti poi sono terribili: soffiate a 200 chilometri orari. Insomma: se i marziani esistono, sono proprio dei tipi tosti!

Unità di Apprendimento 7

Il verbo stare

7.1 Il presente progressivo (stare + gerundio)

- Il presente progressivo si usa per esprimere un'azione che accade nel momento in cui la persona parla.
  Di solito **telefono** a mia madre ogni settimana (presente).
  Sto telefonando a mia madre. (in questo momento: presente progressivo)
  Il film **comincia** alle 8.30 (presente).
  Vieni! Il film **sta cominciando**! (proprio adesso: presente progressivo)

- Il presente progressivo si forma con il presente del verbo **stare** + il **gerundio**. Il gerundio si forma dall'infinito del verbo. Le terminazioni del gerundio sono:
  -are > -ando
  -ere > -endo
  -ire > -endo
  Fai silenzio, **sto** ascolt**ando** la radio.
  Isa **sta** mett**endo** i piatti sulla tavola.
  Corri!! Il treno **sta** part**endo**!
  La lezione **sta** fin**endo**.

- Alcuni verbi formano il gerundio dalla prima persona del presente:
  bevo > bevendo
  faccio > facendo
  dico > dicendo
  I ragazzi **stanno** be**vendo** il vino.
  Piero **sta** fa**cendo** la doccia.
  Cosa **sta** di**cendo**? Non capisco. C'è troppo rumore.

presente progressivo (presente verbo stare + gerundio)		
	stare	**gerundio**
io	**sto**	
tu	**stai**	parl**ando**
lui/lei/Lei	**sta**	scriv**endo**
noi	**stiamo**	part**endo**
voi	**state**	
loro	**stanno**	

Esercizi 7.1

1 Cosa stanno facendo? Completa le frasi, come nell'esempio.

1. La pecora (belare) sta belando

2. I cavalli (nitrire) ____________

3 Il maiale (grugnire) ____________

4. Gli uccellini (cinguettare) ____________

5. Il cane (abbaiare) ____________

6. Il gatto (miagolare) ____________

7. I pulcini (pigolare) ____________

8. Il leone (ruggire) ____________

2

Completa il testo con il presente del verbo stare, come nell'esempio.

Due guardie di un parco stanno facendo il solito giro di controllo e vedono un uomo nel laghetto. L'uomo ________ muovendo le braccia, mentre alcune persone intorno al laghetto ________ guardando. Una delle due guardie dice all'altra: "Ehi! Quell'uomo ________ facendo il bagno!", e va verso il laghetto. Quando arriva più vicino la guardia grida: "Ehi! Non sa che è proibito fare il bagno nel laghetto?". L'uomo risponde: "Non ________ facendo il bagno, ________ affogando!" Allora la guardia, tranquilla, dice: "Va bene. Allora può continuare."

3

Metti i verbi al presente progressivo. Poi rispondi alla domanda.

Gaya, Ginger, Bunty, Babs e Fowler sono cinque simpatiche galline che si (preoccupare) ________ ____________ per la loro sorte nell'allevamento di pollame Tweedy. Infatti la padrona (comprare) ________ ____________ una macchina che fabbrica pasticci di pollo: ha deciso che le galline che non (fare) ________ ____________ abbastanza uova non sono più utili e devono diventare pasticci da mangiare. Ma Gaya e le altre galline (pensare) ________ ____________ un piano per salvare le "penne": (costruire) ________ ____________ una macchina per fuggire dal pollaio. Alla fine, dopo varie avventure, con l'aiuto di Rocki, gallo 'volante' americano, le galline passano il recinto del pollaio-lager e diventano libere.

Che film è? ____________

7.2 Stare per

- L'espressione verbale **stare per + infinito** si usa per descrivere un'azione che succede in un futuro molto vicino.

  Sono le otto. Luigi **sta per** arrivare.
  Pronto? Ciao Giorgio, scusa ma **sto per uscire**, perché non chiami domani?
  Prendo l'ombrello. **Sta per piovere**.

Esercizi 7.2

1

Scegli l'espressione adatta tra quelle elencate e completa le frasi. Aiutati con la storia dell'esercizio 7.1.3.

…stanno per fuggire dal pollaio – … sta per essere libera – …stanno per essere uccise – …sta per essere trasformata in pasticcio!

a. Gaya vuole fuggire perché ______________________________

b. La signora Tweedy vuole fermare le galline perché ______________________________

c. Quando arriva Rocki le galline hanno paura perché ______________________________

d. Quando la macchina volante supera il recinto Ginger è felice perché ______________________________

2

Scegli per ogni disegno l'azione giusta, usando la forma **stare per + infinito**, come nell'esempio.

entrare nella tana - spiccare il volo - **saltare sul muro** - mangiare il formaggio - fare un salto in acqua - mangiare una foglia - andare nel pollaio - acchiappare una mosca - essere schiacciato

1. **(gatto)**

sta per saltare sul muro

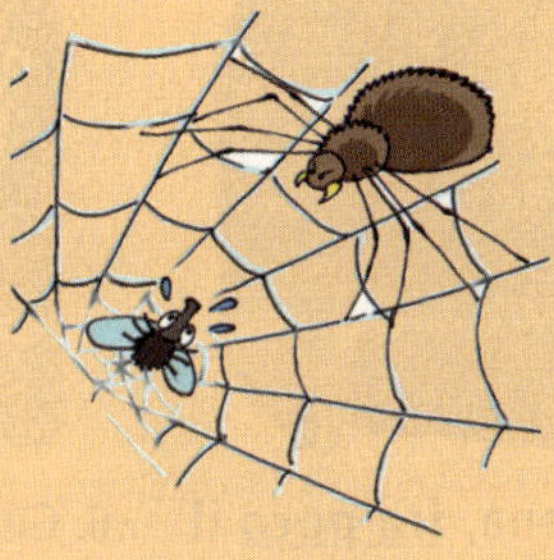

2. **(ragno)**

____

3. **(aquila)**

____

4. **(topo)**

____

5. **(leprotto)**

____

6. **(bruco)**

____

7. **(canguro)**

____

8. **(gallina)**

____

3 Riscrivi le frasi usando l'espressione stare per + infinito.

ESEMPIO: Luis esce di casa fra pochi secondi.
Luis sta per uscire di casa.

1. La gatta fa i gattini fra pochissimo.

____

2. Il gallo comincia a cantare fra pochissimo .

____

3. Luca porta il cane a fare la passeggiata fra pochi minuti.

____

4. È primavera, fra poco arrivano le rondini.

____

5. C'è la luna piena, fra poco il lupo ulula.

____

6. Gli uccellini sono già grandi, fra poco imparano a volare.

____

7. Il coniglio scappa nella tana, fra pochi secondi piove.

____

8. Il gatto sta puntando il topo, fra pochi secondi salta per prenderlo.

____

Unità di Apprendimento 8

Gli aggettivi possessivi

8.1 Che cosa sono i possessivi

- I possessivi rispondono alla domanda "**di chi è?**".

Gollum è un hobbit. L'anello è il **suo** tesoro!

- I possessivi di solito sono aggettivi e si trovano vicino ad un nome.

Tuo fratello è molto simpatico.

Esercizi 8.1

1

Le parole sottolineate sono tutti aggettivi. Copiali nello schema nella giusta colonna, come nell'esempio.

Gli *Hobbit* sono un popolo molto particolare. A differenza degli altri popoli, creati da Tolkien su miti e leggende **antiche**, gli *Hobbit* sono una **sua** invenzione totalmente originale. Sono nati contemporaneamente agli **Uomini** nelle zone orientali della *Terra di Mezzo*.
Sono esseri più **bassi** degli *Elfi* e degli *Uomini*, persino dei *Nani* e sono mortali (la loro vita dura circa cento anni). Ogni *Hobbit* abita nella **sua** buca **scavata** nel terreno. Sono divisi in tre stirpi - i *Pelo-piedi*, gli *Sturoi* e i *Paloidi* - che hanno in comune **diverse** caratteristiche: dita **lunghe**, carattere **allegro**, capelli **ricci** e castani, piedi **grandi**.
Ogni *Hobbit* odia le avventure e le novità, mangia molto e ama **qualsiasi** festa, i banchetti, i regali, le occasioni di stare con i **suoi** amici e il divertimento. Due sono le **sue** passioni: disegnare lunghi e **complicati** alberi genealogici e fumare l'erba-pipa.

(adattato da www.signoredeglianelli.org)

aggettivi possessivi		altri aggettivi	
riga		riga	
2	sua	2	antiche

8.2 Come si usano i possessivi

- I possessivi **mio**, **tuo**, **suo**, **nostro**, **vostro**, **loro** hanno 4 terminazioni come gli aggettivi del 1° gruppo.

  Il **mio** professore è molto simpatico.
  Questa è la **mia** casa.
  Non voglio spendere i **miei** soldi.
  Le **mie** amiche sono americane.

- I possessivi **concordano sempre con il nome a cui si riferiscono** (e non con il "possessore"), quindi si deve guardare il nome per capire se sono maschili o femminili, singolari o plurali.

  "Ti piace Laura Pausini?" "Sì, voglio comprare il **suo disco**." (~~E NON~~: *la sua disco)
  Carlo è siciliano. **La sua famiglia** viene da Catania. (~~E NON~~: *Il suo famiglia)

- I possessivi hanno quasi sempre l'articolo determinativo.

  Signore, posso vedere **il Suo** passaporto?
  Il nostro giardino confina con **il vostro**.

- Il possessivo **loro** è invariabile.

  I ragazzi vengono alla festa con **le loro** ragazze.
  Questa è **la loro** casa.

Completa tu la tabella dei possessivi. Fatti aiutare dai tuoi compagni di classe.

possessivi			
maschile singolare	maschile plurale	femminile singolare	femminile plurale
il mio	i miei	la ______	le mie
il tuo	i ______	la tua	le ______
il ______	i suoi	la sua	le sue
il ______	i nostri	la nostra	le ______
il vostro	i vostri	la ______	le vostre
il loro	i ______	la loro	le loro

Esercizi 8.2

1 Sottolinea l'aggettivo possessivo corretto.

Ciao Maria, oggi vado dal parrucchiere. Mi ha dato l'indirizzo Luisa, **la mia/il mio/le mie** compagna di banco, perché è **il suo/il tuo/la sua** parrucchiere di fiducia.. Sono andata a vedere per prendere un appuntamento perché, come sai, io sono molto attaccata ai **miei/tuoi/mio** capelli. Questo parrucchiere è simpatico e sembra bravo, **il suo/la sua/i suoi** negozio è pulito e **la sua/il mio/le sue** assistente molto giovane. Mentre ero lì ho visto due ragazze che si erano appena tagliate i capelli: **il loro/il vostro/il suo** taglio era bello, proprio alla moda, mi è piaciuto molto. Ho chiesto al parrucchiere cosa fare per migliorare **il mio/il tuo/il suo** aspetto, perché mi sono un po' stufata dei capelli lunghi…lui mi ha consigliato un taglio corto e di schiarire **il mio/il suo/il tuo** colore naturale di capelli con dei colpi di sole. "Come **i tuoi/i loro/i suoi** capelli!" Mi ha detto indicandomi **il suo/la sua/i suoi** assistente. Il taglio era carino però ho un po' paura, perché quando **i tuoi/i loro/i suoi** capelli sono sul pavimento non li puoi più riattaccare!!! Spero questa volta di avere finalmente trovato **il mio/il suo/la sua** parrucchiere di fiducia così la smetto di cambiare di continuo. Ora vado….speriamo bene! A presto

Linda

2 Completa le frasi con i possessivi e poi uniscile con i nomi, come nell'esempio.

a. Taglia i vostr i capelli.

b. Le lor__ gambe sono forti e muscolose.

c. Guadagna tanti soldi con i suo__ piedi.

d. Per fare il lor__ lavoro ci vuole un buon orecchio.

e. Le su__ braccia sono robuste e possenti.

f. Con le mi__ gambe lunghe e magre cammino sulle passerelle.

g. Le mi__ mani sono molto agili.

h. La su__ voce è potente e armoniosa

☐ i musicisti
☐ il calciatore
☐ il sollevatore di pesi
☑ a **il barbiere/la parrucchiera**
☐ la modella
☐ il cantante lirico
☐ il pianista
☐ i ciclisti

I possessivi

3 Completa il testo con i possessivi. Poi rispondi alla domanda.

I **suo/sue/suoi** hobby preferiti sono dormire e non far niente. È pigro e ama stare tutto il giorno sdraiato sul divano di casa **loro/vostra/sua**. Le **sue/nostre/mie** tasche sono sempre vuote: non ha mai un soldo! Il **suo/mio/vostro** aspetto è molto particolare. È basso e la **sua/vostra/loro** bocca in verità è un becco. Le **sue/vostre/nostre** gambe non sono vere gambe ma sono zampe magre e arancioni. I **suoi/vostre/nostre** piedi sono palmati e ha la coda. Le **mie/sue/loro** mani hanno solo quattro dita e tutto il **suo/loro/mio** corpo è coperto di penne e piume. Abita con i **suoi/loro/vostri** tre nipotini che gli assomigliano molto. **Loro/vostro/nostro** zio è la 'persona' più ricca e tirchia del mondo. Le **mie/vostre/sue** storie a fumetti sono lette dai bambini di tutto il mondo e il nome del **mio/suo/tuo** 'papà' è davvero famoso: Walt Disney.

Chi è? *P*_ _ _ _ _ _ _ _

8.3 I possessivi e gli articoli

- Normalmente **non** usiamo l'articolo prima di aggettivi possessivi che si riferiscono a sostantivi **singolari** che indicano persone della famiglia: **padre**, **madre**, **nonno**, **nonna**, **zio**, **zia**, **fratello**, **sorella**, **cugino**, **cugina**, ecc.

Mio padre è albanese.
Tua sorella non viene con noi.
Signora Ramirez, **suo** figlio è tornato?
Questa è Anna, **suo** padre è Mario.
Dov'è Sergio? **Sua** nonna sta male.
Nostra cugina va all'università.
Vostro zio è in America?

- Usiamo l'articolo quando c'è:

a) un possessivo seguito da un nome di famiglia al **plurale**, come **genitori**, **figli**, **figlie**, **nipoti**, **mariti**, **mogli**, ecc.

I miei genitori sono in pensione.
I suoi figli vivono lontano.
Signora, dove sono **le Sue** figlie?

b) un possessivo seguito da un nome di famiglia determinato, come **nonna materna**, **zio di Napoli**, ecc.

La sua nonna materna è di Roma.
Il mio zio di Napoli arriva domani.

c) un possessivo seguito da un nome di famiglia colloquiale, come **papà**, **mamma,** ecc.

"Ciao Anna! Dov'è **il tuo papà** ?"
La nostra mamma non lavora.

d) un possessivo seguito da un nome di famiglia alterato, come **sorellina**, **fratellino**, **cuginetto**, ecc.

La tua sorellina va a scuola?
Il mio cuginetto ha 3 anni.

e) l'aggettivo possessivo **loro** (singolare e plurale).

Il loro fratello ha 3 anni.
I loro fratelli sono ingegneri.

Esercizi 8.3

1

Leggi il testo e rispondi alle domande. Poi sottolinea tutti i possessivi, come nell'esempio.

Mi chiamo Paolo, ho 13 anni e vivo a Bolzano. Il mio papà lavora all'ufficio postale centrale della città e la mia mamma, povera donna, passa tutto il giorno in casa con i miei fratelli. Infatti siamo 7 figli. Ho quattro fratelli e due sorelle: il mio fratello maggiore, Massimo, ha 17 anni ed è un adolescente pieno di problemi. Il suo fratello gemello Christian invece è più simpatico. Io, Massimo e Christian siamo i figli più grandi. Giorgio e Roberto, hanno 9 e 7 anni e le nostre sorelline, Anna e Grazia, sono piccole: hanno solo 4 anni e 1 anno. Le due bambine sono davvero carine, Grazia è una bambina molto dolce e simpatica. Nostro padre è tedesco e in casa parliamo sia italiano che tedesco.

a) Che lingua parla il padre di Paolo? ______
b) Come si chiamano le sue sorelline? ______
c) Quanti anni ha Christian? ______
d) Che lingue parlano in casa? ______

2

Scegli il possessivo corretto e poi la risposta giusta.
ESEMPIO: **Sua/La sua** missione è rubare ai ricchi per donare ai poveri.
Robin Hood/Napoleone/Ali Baba

a) **Il suo/Suo** migliore amico si chiama Obelix.
Paperino/Asterix/Topolino
b) **I suoi/Suoi** genitori erano del pianeta Cripton.
Superman/King Kong/Mister Bean
c) È un tipo solitario. **La sua/Sua** tuta è nera e con le orecchie da gatto.
Catwoman/Wonderwoman/Cenerentola
d) **La sua/Sua** fidanzata è un tipo molto snodabile. **Suo/Il suo** segreto per diventare più forte sono gli spinaci
Sandokan/Braccio di Ferro/Braccio d'Acciaio
e) **Le loro/Le mie/Le sue** avventure sono notturne. Non sono parenti ma girano sempre assieme con **i suoi/i loro/le sue** strani costumi e una macchina speciale.
Tarzan e Jane/Batman e Robin/Stanlio e Ollio
f) **Suo/Il suo** padre è il re dei mari. Lei è metà pesce e metà ragazza.
la Sirenetta/la Fata Turchina/Pokahontas
g) **Sua/La sua** famiglia è molto grande: **suo/il suo** figlio di chiama Burt e **la sua/sua** moglie Marge.
Homer Simpson/Paperino/L'Uomo Ragno

3 Guarda l'albero genealogico di **Mario** e completa le frasi, come nell'esempio.

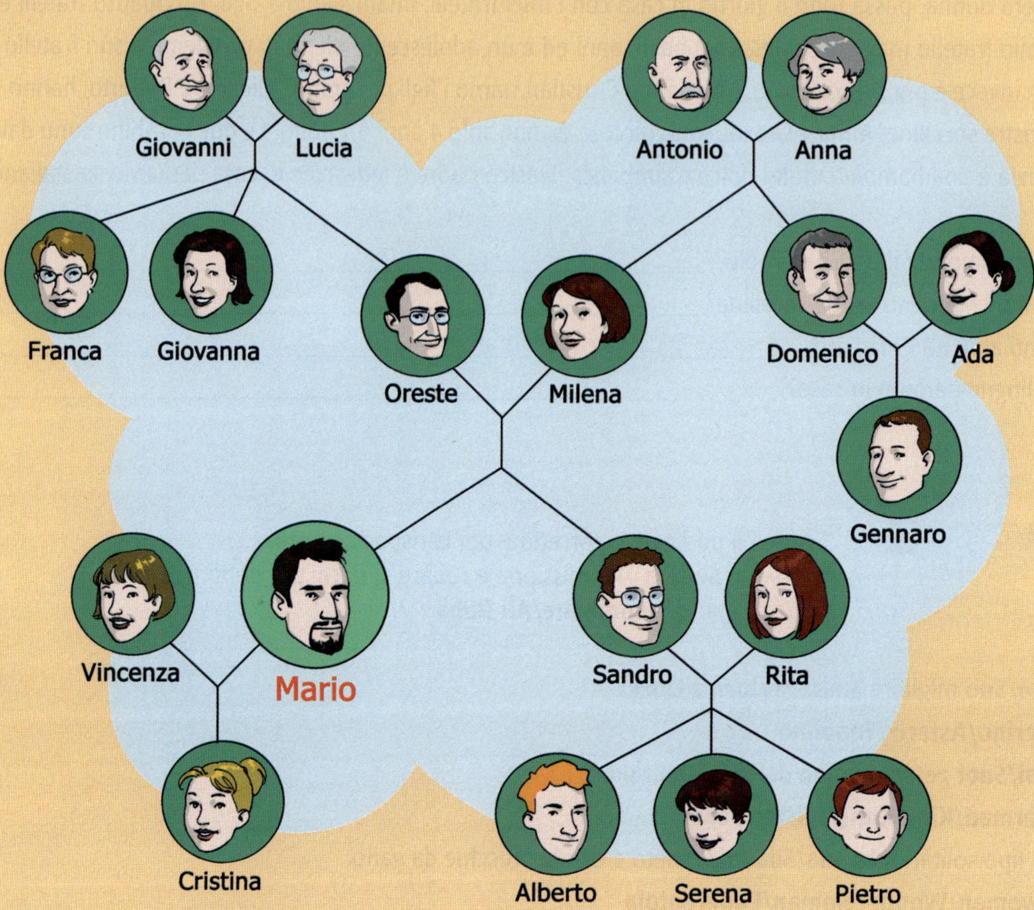

1. Il suo nonno paterno si chiama Giovanni.
2. ______ nonna materna si chiama ________.
3. ______ moglie si chiama ________.
4. ______ fratello si chiama Sandro.
5. ______ nipoti si chiamano ______, ______ e ______.
6. ______ genitori si chiamano ________ e ______.
7. ______ figlia si chiama ______.
8. ______ zie si chiamano ______ e ______.
9. ______ zio si chiama ______.
10. ______ cugino si chiama ______.

Unità di Apprendimento 9

La forma riflessiva del verbo

9.1 La forma riflessiva e la forma reciproca

- Il verbo nella **forma riflessiva** descrive un'azione del soggetto su se stesso o che lo riguarda personalmente.
  Mi alzo sempre troppo tardi e faccio una corsa per arrivare in orario a scuola.
  Bruno **si sente** un po' male oggi.
- Con i verbi nella forma riflessiva si usano i pronomi riflessivi **mi**, **ti**, **si**, **ci**, **vi**, **si**.
  Il pronome va prima del verbo.
  Mi lavo le mani con il sapone.
  Come **ti** chiami?
  Anna **si** trucca quando esce con gli amici.
- La **forma reciproca** descrive un'azione che si svolge tra due o più persone. Questa forma è uguale a quella riflessiva.
  Marta e Arslan **si vedono** ogni sabato (= Marta vede Arslan e Arslan vede Marta).
  Mio fratello e Claudia **si sposano** a luglio (= mio fratello sposa Claudia e Claudia sposa mio fratello).

Licia veste Mattia *(non riflessivo)*

Ivan si veste *(riflessivo)*

- Molti verbi italiani possono avere una forma riflessiva o reciproca.
  lavare: Marco lava il motorino.
  lavarsi (riflessivo): Marco si lava con il sapone.
  amare: Marco ama Giulia.
  amarsi (reciproco): Marco e Giulia si amano.

- Quando si trova un verbo servile o fraseologico (**potere**, **volere**, **dovere**, **sapere**, **cominciare a, stare per**, **stare + gerundio, finire di**) + l'infinito di un verbo riflessivo o reciproco, il pronome può andare prima del verbo o dopo l'infinito.
  Domani **mi** devo alzare presto.
  Domani devo alzar**mi** presto.
  Ti vuoi sedere qui?
  Vuoi seder**ti** qui?
  Sono le otto, Mario **si** sta per alzare.
  Sono le otto, Mario sta per alzar**si**.

forma riflessiva e reciproca		
	*alz**arsi***	
io	**mi**	alzo
tu	**ti**	alzi
lui/lei/Lei	**si**	alza
noi	**ci**	alziamo
voi	**vi**	alziate
loro	**si**	alziano

principali verbi con forma riflessiva e reciproca		
abbracciarsi	divertirsi	rilassarsi
abituarsi a	farsi	sedersi
alzarsi	impegnarsi	sentirsi
amarsi	innamorarsi	spazzolarsi
annoiarsi	interessarsi	sposarsi
arrabbiarsi	lamentarsi	svegliarsi
baciarsi	mettersi	trovarsi
chiamarsi	pettinarsi	vergognarsi
comportarsi	preoccuparsi	vestirsi
conoscersi	radersi	
dimenticarsi di	truccarsi	

Esercizi 9.1

1

Sottolinea la forma corretta del verbo e trova la risposta esatta o la conclusione logica della frase. Le lettere iniziali delle risposte corrette formano un verbo riflessivo.

1. Dopo colazione Elton **si mettono/si mette** i...
   giochi/vestiti/sassi
2. In quale stagione Rosa e suo fratello **si alza/si alzano** più tardi perché non vanno a scuola?
   In **inverno/estate/autunno**
3. Se (tu) **mi sveglio/ti svegli** presto, la mattina devi usare questo oggetto.
   mamma/sveglia/diario
4. Io e Lisa **ci divertiamo/si divertono** a fare gli scherzi al...
   comodino/telefono/tubo
5. I tifosi di questa squadra di calcio **si informano/si informa** del risultato del derby contro il Milan.
   Parma/Roma/Inter
6. Mario **si impegna/ti impegni** a cucinarlo alla cantonese.
   riso/sale/ragno
7. Se (noi) **vi sentite/ci sentiamo** molto male all'improvviso, chiamiamo il Pronto...
   Soccorso/Dottore/Emergenza
8. Quando Esther e i suoi amici escono insieme, di solito **ci incontriamo/si incontrano** all'...
   incrocio/armadio/ortica

Il verbo riflessivo è _ _ _ _ _ _ _ _

2

Metti i verbi al presente e poi indovina il titolo di questo famoso cartone animato.

Brrr... che freddo! La storia (svolgersi) ________________ nella preistoria. All'inizio dell'Era Glaciale tre creature (trovarsi) ______________ coinvolte per caso in una straordinaria avventura. Manfred, Syd e Diego, rispettivamente un mammut, un bradipo e una tigre dai denti a sciabola (incontrarsi) ______________ e (affannarsi) ________________ per aiutare un bambino a tornare da suo padre. All'inizio i tre litigano continuamente e non (fidarsi) ______________ l'uno dell'altro. E a ragione: nel gruppo infatti (nascondersi) ________________ un traditore. Ma alla fine tutto finisce bene e la storia (chiudersi) ______________ nel migliore dei modi.

Qual è il titolo?

3

Riflessivo o no? Sottolinea la forma corretta.

1. I ragazzi **si vedono/vedono** sempre all'uscita da scuola.
2. Quando Marja va al giardino, **vede/si vede** sempre molta gente.
3. Renato **si alza/alza** dalla tavola e va in camera.
4. **Mi alzo/Alzo** sempre alle 7.00 per prepararmi con calma.
5. Quando parla, Franco riesce ad **annoiarsi/annoiare** tutti.
6. Quando andiamo a teatro **annoio/mi annoio** da morire.
7. Sandra e Naomi domani **incontrano/si incontrano** con i loro due fratelli.
8. Andrea e Maria **sposano/si sposano** domani.
9. La mamma **si chiama/chiama** i figli per il pranzo.
10. Mia madre **si chiama/chiama** Milena.

4

Dove sono? Valeria e Giacomo, Anna e Claudia sono in vacanza. Completa le tre cartoline con i verbi e indovina dove si trovano queste persone.

a. Valeria e Giacomo scrivono una cartolina ai cugini.

vi divertite - ci rilassiamo - ci sentiamo - ci divertiamo - vi trovate - ci troviamo - ci tuffiamo

_______________, 8 Luglio

Ciao Paolo, ciao Serena!

Qui _______________ benissimo. _______________ molto e _______________ un sacco. Passiamo tutto il tempo in piscina: sapete che _______________ dal trampolino alto?

E voi come _______________ al mare? _______________ _______________ appena torniamo a casa, ok?

Salutoni

b. Anna scrive al ragazzo.

ci vediamo – ti senti - mi innamoro - ti preoccupi - si trova

_______________, 15 luglio

Ciao Robby!

Che peccato che non sei qui con me, il posto è bellissimo! La famiglia di Sara è molto simpatica! Oggi siamo in una spiaggia da favola: _______________ a dieci minuti dalla nostra casa. Domani invece andiamo a una festa vicino all'Etna! (tu) Non _______________ vero? I ragazzi sono simpatici ma sono tutti poco interessanti e, come sai, io _______________ solo di persone speciali!

E tu cosa combini??? _______________ solo?

_______________ appena torno.

Anna

c. L'insegnante di inglese di Claudia scrive alla Signora Biagi.

si diverte - si impegna - vi telefonate - si trova - si sforza

_____________, 22 agosto

Salve! Qui va tutto bene! Claudia _______________ presso una famiglia inglese che abita un po' fuori città. Viene ogni giorno alle lezioni di inglese che facciamo nel college e dice che _______________ molto e che è molto contenta della famiglia. Il pomeriggio facciamo spesso delle gite nei dintorni. Oggi andiamo a vedere la Westminster Abbey e il Big Ben. So che Claudia _______________ di parlare inglese con tutti e vedo che _______________ molto nel corso di lingua. Sono sicura comunque che sa già tutto, visto che Claudia dice che voi _______________ quasi ogni giorno.

ArrivederLa a presto

Caroline Smith

5

Cambia le forme del riflessivo, come nell'esempio.

ESEMPIO: Mi voglio lavare. → Voglio lavarmi.

Sto per incontrarmi con mia madre. → Mi sto per incontrare con mia madre.

♦ Ciao Sefedin, scusa ma devo sfogarmi. Sono furioso!
♣ Che succede?
♦ Non sopporto più la prof. di Matematica! Ogni giorno una nuova!
♣ E cosa è successo questa volta?
♦ Io non voglio lamentarmi, ma dice che devo fare un'altra interrogazione! Che devo impegnarmi di più e che mi devo preparare per giovedì sui poligoni regolari! Non ne posso più!
♣ Ma quante interrogazioni hai?
♦ Ne ho già quattro, come gli altri, ma si vuole assicurare della mia sufficienza. Insomma, non è sicura!
♣ Guarda, secondo me la prof. vuole aiutarti. Devi sforzarti un po' di più.
♦ Uffa!! Non mi posso sfogare un momento che subito mi critichi! La verità è che ogni volta che devo mettermi a studiare matematica mi sento male!
♣ Senti, se vuoi possiamo aiutarci: io sono bravo in Matematica e tu in Letteratura. Studiamo insieme?
♦ Magari! Però dobbiamo sbrigarci, oggi è già martedì.
♣ Allora vengo a studiare da te domani, ok?
♦ Ok, grazie Sefedin, sei un vero amico!

Unità di Apprendimento 10

Il passato prossimo

10.1 Che cos'è il passato prossimo

- Il **passato prossimo** si usa normalmente per parlare o scrivere di fatti del passato.
  Ieri **sono andato** al cinema.
  L'anno scorso **siamo andati** in vacanza in Sardegna.

passato prossimo	
verbo avere/essere + participio passato	
io	**ho parlato**
tu	**hai parlato**
lui/lei/Lei	**ha parlato**
noi	**abbiamo parlato**
voi	**avete parlato**
loro	**hanno parlato**

passato prossimo	
verbo avere/essere + participio passato	
io	**sono andato/a**
tu	**sei andato/a**
lui/lei/Lei	**è andato/a**
noi	**siamo andati/e**
voi	**siete andati/e**
loro	**sono andati/e**

Esercizi 10.1

1 Sottolinea nel testo i verbi al passato prossimo, come nell'esempio. Poi rispondi alla domanda.

Si chiama William ma tutti lo conoscono come Bill. **È diventato** famoso in tutto il mondo insieme alla sua azienda: la *Microsoft*. Bill è nato il 28 ottobre 1955 a Seattle, negli Stati Uniti e ha sviluppato fin da giovanissimo una passione per i computer e tutto quello che è tecnologico, fino ad arrivare (a soli tredici anni!) a sviluppare programmi in completa autonomia. Nel 1981 ha scritto il primo sistema operativo per computer, l'*MS – DOS*, che ha permesso a milioni di persone di usare facilmente i computer. L'introduzione del *DOS* ha permesso la nascita del *Personal Computer* di massa, probabilmente la più grande rivoluzione tecnologica nella storia contemporanea. Nel giugno del 1982 il "Time Magazine" ha eletto Bill "uomo dell'anno". Nel settembre dello stesso anno la Microsoft ha realizzato il programma di videoscrittura più diffuso del mondo, *Microsoft Word*. Dopo una lunga serie di successi, la *Microsoft* e il suo fondatore hanno conquistato definitivamente il mercato con l'introduzione di un nuovo sistema operativo chiamato *Windows*. Da allora la crescita è stata inarrestabile e oggi Bill è uno degli uomini più ricchi del mondo.

Conosci il cognome di Bill? Bill _ _ _ _ _

10.2 Come si forma il passato prossimo

- Il passato prossimo si forma con:
  presente di avere/essere + participio passato del verbo.
  Per questo si dice che il passato prossimo è un **tempo composto**.
  Questa mattina **ho telefonato** alla mia ragazza.
  Claudio **è uscito** con gli amici.

- Il participio passato si forma così:
  verbi in -**are** > participio passato -**ato**
  mangi**are** > mangi**ato**: Ieri sera abbiamo mangi**ato** veramente bene!
  verbi in -**ere** > participio passato -**uto**
  conosc**ere** > conosci**uto**: Alla festa ho conosci**uto** il fratello di Alessandro.
  verbi in -**ire** > participio passato -**ito**
  fin**ire** > fin**ito**: Ornella e Titti hanno fin**ito** le vacanze.

- Il participio passato dei verbi che hanno l'ausiliare **avere** finisce in -**o**.
  Franco non **ha** cap**ito** niente.
  Francesca non **ha** cap**ito** niente.
  Ennio e Franco non **hanno** cap**ito** niente.
  Francesca e Li-Li non **hanno** cap**ito** niente.

- Il participio passato dei verbi che hanno l'ausiliare **essere** si comporta **come un aggettivo** del primo gruppo, con 4 terminazioni (-o, -a, -i, -e) e concorda con il soggetto del verbo.
  Franco **è** andat**o** via.
  Francesca **è** andat**a** via.
  Ennio e Franco **sono** andat**i** via.
  Francesca e Li-Li **sono** andat**e** via.

Esercizi 10.2

1

Trova per ogni persona la ragione del suo stato d'animo, come nell'esempio.

a. **Giulia è stanca perché…** ☐ ha graffiato il suo motorino nuovo.

b. Carlo e Gianni sono tristi perché… ☐ la loro squadra ha perso di nuovo.

c. Paola e Gigi sono stanchi perché… [a] ha finito ora gli allenamenti di pallavolo.

d. Serena e Marta sono nervose perché… ☐ ha passato l'esame e finalmente ha finito le scuole medie.

e. Sergio è arrabbiato perché… ☐ hanno fatto tutto il giorno la ricerca di scienze.

f. Anna è felice perché… ☐ sono uscite e si sono dimenticate in casa le chiavi.

2

Sottolinea le forme corrette del passato prossimo nelle frasi, come nell'esempio.

1. Ieri le ragazze sono andate / **sono andati** al mare.
2. Omar **è arrivato** / **è arrivata** in Italia nel 2004.
3. Giudith **ha comprata** / **ha comprato** un libro a sua sorella.
4. I miei vicini **sono partito** / **sono partiti** questa mattina.
5. La mia amica **ha passato** / **ha passata** l'esame.
6. Pierino **è caduta** / **è caduto** dalla bicicletta.
7. Ieri **ho ricevuto** / **ho ricevuta** il tuo regalo.

10.3 Avere o essere?

- **Tutti** i verbi che rispondono alla domanda "chi?" o "che cosa" e quindi hanno un oggetto diretto, formano il passato prossimo con l'ausiliare **avere**. Questi verbi vengono chiamati transitivi.
  Il bambino **ha finito il gelato**.
  (che cosa ha finito? → il gelato)
  Mario **ha incontrato Marella** a una festa.
  (chi ha incontrato? → Marella)
  Ho studiato italiano tutto il giorno.
  (che cosa ha studiato? → italiano)
  Abbiamo incontrato Anna.
  (chi abbiamo incontrato? → Anna)

- **Tutti** i verbi riflessivi formano il passato prossimo con l'ausiliare **essere**.
  Mi sono alzata alle 6.00.
  Ci siamo conosciuti un mese fa.

- **Quasi tutti** i verbi intransitivi (verbi che non hanno un complemento oggetto diretto) formano il passato prossimo con l'ausiliare **essere**.
  Questa borsa **è costata** molto.
  L'ascensore **è salito** al primo piano.
  Le vacanze **sono cominciate** ieri.

- Fra questi ci sono**:**

a) verbi di stato: (re)stare, rimanere, ecc.
Renata **è restata** a casa.
Oliver **è rimasto** a casa.

b) verbi di movimento: andare, venire, arrivare, partire, tornare, entrare, uscire, cadere, ecc.
Eccezioni: camminare, passeggiare, viaggiare, guidare, nuotare…
Siamo andati al mare.
Il treno **è partito** un'ora fa.

c) verbi di cambiamento: diventare, morire, nascere, invecchiare, iniziare, cominciare, finire, ecc.
Il mio gatto **è morto** molto tempo fa.
Ieri **è nata** mia cugina.
La festa **è finita** a mezzanotte.

d) verbi impersonali: piacere, dispiacere, bastare, parere, succedere, sembrare, ecc.
La recita mi **è piaciuta** moltissimo.
Luca mi **è sembrato** un po' triste.

- **Molti** verbi hanno un participio passato irregolare.
  Ho **visto** un bellissimo film.
  Siete **venuti** alla festa?
  Che è **successo**?

Esercizi 10.3

1

Leggi questa lettera. Trova i verbi al passato prossimo e dividili in due colonne: verbi con avere e verbi con essere. Poi scrivi anche l'infinito, come negli esempi.

Milano, 10 Dicembre

Cara Marcella,
non ci sentiamo da alcuni mesi ormai, ma in questi ultimi tempi **ho avuto** davvero molto da fare e da organizzare. Ora finalmente **ho trovato** un po' di tempo per scrivere, quindi ti racconto cosa ho fatto in questo periodo. Come vedi ora abito a Milano. Mi sono trasferita ormai da tre mesi, ad agosto, perché il mio babbo ha trovato un nuovo lavoro qua.
Ho cambiato scuola e nella nuova classe ho conosciuto tanti ragazzi nuovi. All'inizio non parlavo quasi con nessuno perché sono timida. Poi però sono andata alla festa di compleanno della mia compagna di banco e lì ho parlato con tanti ragazzi della scuola. Abbiamo ballato e abbiamo fatto giochi: è stato divertente! Mary mi ha detto che a scuola c'è un laboratorio di teatro e mi ha chiesto di partecipare. Io ho accettato e ora ogni martedì pomeriggio incontro il gruppo di recitazione. Nel gruppo ho conosciuto Erduan, un ragazzo bello e dolce che mi è piaciuto subito tantissimo! Lui è molto gentile con me ma non so se gli piaccio o no…speriamo di si, però!!!
E tu che fai? Come va? Scrivi presto e raccontami tutto di te.
Baci Jessica

avere		essere	
passato prossimo	infinito	passato prossimo	infinito
ho avuto	avere		
ho trovato	trovare		

2

Leggi ancora la lettera di Jessica e rispondi alle domande.

1. Perché Jessica non ha scritto a Marcella per molti mesi?

____

2. Perché Jessica è andata a abitare a Milano?

____

Il passato prossimo

3. Dove ha conosciuto tanti ragazzi nuovi?

4. Che cosa hanno fatto per divertirsi Jessica e i suoi amici alla festa di compleanno?

5. Come si chiama il ragazzo che piace a Jessica? Dove lo ha conosciuto?

3 Avere o essere? Sottolinea la forma corretta del verbo, come nell'esempio.

Mia sorella Silvia ieri **è andata/ha andato** ad una festa con i suoi compagni di classe. Dopo pranzo papà **è accompagnato/ha accompagnato** lei e Luisa (che abita qui vicino) a casa di Susanna, la festeggiata, e poi è tornato a prenderle all'ora di cena. Io non ci **ho andato/sono andato** perché Silvia ha detto che non sono della sua classe. Poi stamattina a scuola **è saputo/ho saputo** che Marco, un alunno della terza B, **è andato/ha andato** alla festa perché è un amico di Susanna, così **mi sono arrabbiato/mi ho arrabbiato** moltissimo. All'uscita **è aspettato/ho aspettato** Silvia e **siamo litigati/abbiamo litigato** mentre tornavamo a casa. Un po' **mi è dispiaciuto/mi ha dispiaciuto** trattarla male perché lei **ha detto/è detta** che non sapeva della presenza di Marco. Alla fine, per fortuna, **siamo fatti/abbiamo fatto** pace.

10.4 Alcuni verbi con participio passato irregolare

verbo	participio passato	esempio
accendere	acceso	Non ho **acceso** la luce perché è ancora chiaro.
accorgersi	accorto	Non ti sei **accorto** che il cane è uscito?
aprire	aperto	Ha **aperto** Lei la porta?
bere	bevuto	Il gatto ha **bevuto** tutto il latte.
chiedere	chiesto	Abbiamo **chiesto** informazioni a un vigile.
chiudere	chiuso	I negozi hanno **chiuso** alle 19:00.
correre	corso	Sono **corsa** qui appena ho saputo la bella notizia.
decidere	deciso	Allora hai **deciso** dove andare in vacanza?
dire	detto	Ho già **detto** tutto alla mamma.
dividere	diviso	Hanno **diviso** il panino in due.
essere	stato	Ieri siamo **state** al cinema.
fare	fatto	Il bambino ha **fatto** la pipì a letto.
leggere	letto	Mio padre ha **letto** tutto il giornale.
mettere	messo	Hai **messo** i soldi nel portafoglio?
morire	morto	Il suo gatto è **morto** tre anni fa.

verbo	participio passato	esempio
nascere	nato	Dante è **nato** a Firenze.
offendere	offeso	Aldo ha **offeso** Igor.
offrire	offerto	Khodor ha **offerto** le patatine a tutti.
perdere	perso	Ho **perso** la borsa con la tuta dentro.
prendere	preso	Questa estate avete **preso** tanto sole.
rimanere	rimasto	Sei **rimasto** in città a Ferragosto?
rispondere	risposto	Non hai **risposto** alla mia domanda, Samuel.
rompere	rotto	Ho **rotto** il computer.
scegliere	scelto	Alla fine ho **scelto** la gonna blu.
scendere	sceso	Siamo **scesi** al pianterreno.
scrivere	scritto	Abbiamo **scritto** a Giulietta.
spegnere	spento	Hanno **spento** tutte le luci.
stare	stato	È **stato** in casa tutto il giorno.
succedere	successo	Che è **successo**?
tradurre	tradotto	Hanno **tradotto** il libro in francese.
vedere	visto	Hai **visto** l'ultimo film dell'Uomo Ragno?
venire	venuto	Non è **venuto** quasi nessuno alla festa.
vincere	vinto	Il Brasile ha **vinto** i Mondiali del 2002.
vivere	vissuto	Ho **vissuto** due anni in Germania.

Esercizi 10.4

1

Cosa hanno fatto? Metti i verbi al passato prossimo.

1. Cosa ha fatto Oscar quando il gatto è scappato di casa?
   (Correre) ______________ a cercarlo ma non lo (trovare) ________________. Allora (scrivere) ______________ un annuncio e lo (appendere) _____________ a tutte le fermate dell'autobus.
2. Cosa hanno fatto i bambini quando è iniziato il temporale?
   (Accendere) ______________ la luce e (chiamare) ______________ i genitori.
3. Cosa è successo nel 1992?
   (Nascere) ______________ mia sorella!
4. Che ha fatto Rudy quando ha scoperto di essere bocciato?
   (Fare) ______________ una faccia triste triste, poi (andare) ______________ a casa e nessuno lo (vedere) __________________ per una settimana!

2

Cosa hanno fatto?
Scrivi cosa hanno fatto queste persone. Forma delle frasi con i verbi della lista, come nell'esempio.

1. ha bevuto

2. ____________

3. ____________

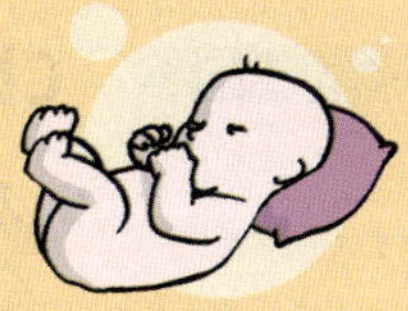
4. ____________

5. ____________

6. ____________

7. ____________

8. ____________

bere - fare il bagno - mangiare troppo - prendere l'autobus - prendere Ottimo al compito - nascere - rompere il bicchiere - chiudere la porta

3

Cosa ha fatto ieri la signora Marta? Descrivi la giornata della signora Marta. Usa i verbi della lista. Poi indovina che lavoro fa.

alle	verbi	ieri
		La signora Marta ieri…
8.00	alzarsi e fare colazione	1. si è alzata e ha fatto colazione
9.00	prendere l'auto e uscire per andare al lavoro	2.
10.30	avere un appuntamento con alcuni avvocati	3.
12.00	studiare un caso importante	4.
13.00	fare una pausa pranzo con i colleghi	5.
14.00	occuparsi di un omicidio nella città	6.
15.00	parlare con i giornalisti	7.
17.00	prendere un caffè con un giudice	8.
18.00	dare gli ordini per il lavoro notturno	9.
19.00	andare al corso di judo	10.
21.00	tornare a casa stanchissima	11.
22.30	andare a letto e leggere un giallo	12.

Hai capito che lavoro fa la signora Marta? _ _ _ _ _ _ _ _

Unità di Apprendimento 11

I pronomi diretti

11.1 Che cos'è il pronome

- Il **pronome** si usa per parlare di qualcosa o qualcuno senza nominare o ripetere il suo nome.
  – Hai comprato **il diario**?
  – Sì, **l'**ho comprato (il pronome permette di non ripetere "il diario").

- Il pronome può essere diretto o indiretto. Il pronome **diretto** si usa al posto di un complemento oggetto (chiamato anche oggetto diretto, cioè senza preposizione)
  – Conosci Marja?
  – Sì, **la** conosco (**la** = Marja)!
  Io non mangio mai le olive. **Le** odio (**le** = le olive)!
  Piero **ci** saluta sempre (**ci** = noi).

- I pronomi diretti si trovano **prima del verbo**.
  Vi chiamiamo domani (**vi** = voi).

Esercizi 11.1

1

In questo testo sono sottolineati tutti i pronomi diretti e anche due articoli. Elimina gli articoli e copia i pronomi diretti nello spazio sotto, come nell'esempio.

Una ricetta italiana. Il tiramisù

Ingredienti: Biscotti savoiardi; marsala; caffè; mascarpone; zucchero; cacao in polvere.

Prendiamo dei biscotti Savoiardi e <u>li</u> bagniamo con un pochino di Marsala e molto caffè. Prendiamo il mascarpone e <u>lo</u> zucchero e <u>li</u> mescoliamo insieme. Quando <u>la</u> crema di mascarpone è pronta <u>la</u> mettiamo sopra i biscotti.

Poi prepariamo altri biscotti e **li** mettiamo sopra alla crema e quindi **la** ricopriamo con altra crema. Infine prendiamo del cacao in polvere e **lo** spargiamo sulla crema di mascarpone.

I pronomi diretti del testo sono: il ____________________

2

Guarda ancora il testo con i pronomi diretti sottolineati. Prova a ragionare: quali nomi sostituiscono i pronomi? Scrivili nello schema sotto al testo, come nell'esempio.

1 Prendiamo dei biscotti Savoiardi e **li** bagniamo con un pochino di Marsala e molto caffè. Prendiamo il mascarpone e lo zucchero e **li** mescoliamo insieme. Quando la crema di mascarpone è pronta **la** mettiamo sopra i biscotti. Poi prepariamo altri biscotti e **li** mettiamo sopra alla crema e quindi **la** ricopriamo
5 con altra crema. Infine prendiamo del cacao in polvere e **lo** spargiamo sulla crema di mascarpone.

riga	pronome	sostituisce
1	li	Biscotti savoiardi
2	li	
3	la	
4	li	
4	la	
5	lo	

11.2 Come si usano i pronomi diretti

I pronomi diretti sono:

	singolare	plurale
1ª persona	mi	ci
2ª persona	ti	vi
3ª persona maschile	lo	li
3ª persona femminile	la (La)	le

- Quando ci si rivolge a persona a cui si dà del **lei** si usa il pronome diretto di 3ª persona femminile: **La**.
  Signora, **La** chiamo domani (**La = Lei**).
  Professore, **la** vuole il preside (**La = Lei = il professore**).

- Il pronome diretto può sostituire anche una frase.
  Dov'è la scuola? Non **lo** so (**lo = dove è la scuola**).

- Qualche volta si usa il pronome diretto insieme all'oggetto diretto. È una forma **forte**, che dà più importanza all'oggetto.
  Il biglietto lo compro domani.
  Sandra, la chiamo più tardi.

- Con i verbi modali o fraseologici (**potere**, **volere**, **dovere**, **sapere**, **cominciare a, stare per**, **stare + gerundio, finire di**) + l'infinito, il pronome diretto può andare prima del verbo o dopo l'infinito.
  Ho comprato una gonna. **La** vuoi vedere?
  Ho comprato una gonna. Vuoi veder**la**?
  L'ultimo libro di Harry Potter? **L'**ho appena cominciato a leggere.
  L'ultimo libro di Harry Potter? Ho appena cominciato a legger**lo**.

Esercizi 11.2

1

Unisci le risposte alle domande adatte, come nell'esempio.

a. **Guardi spesso la TV?**	☐ Li compro sempre al mercato dell'usato.
b. Ogni quanto chiami la tua ragazza?	☐ Sì, li ho fatti con Sara.
c. Hai fatto i compiti di matematica?	☐ Li porto perché sono un po' miope.
d. Parli inglese?	a **No, non la guardo molto, solo qualche sera.**
e. Bevi mai il caffè?	☐ Lo studio a scuola, ma non lo parlo molto bene.
f. Conosci quelle ragazze là?	☐ Non mi piace. Non lo bevo mai.
g. Hai preso lo zaino?	☐ La chiamo tutti i giorni e le scrivo un sacco di messaggini.
h. Perché non prendi mai l'autobus?	☐ No, l'ho lasciato in camera.
i. Dove compri i libri?	☐ Sì, vengono a scuola con me. Le conosco bene.
l. Perché porti gli occhiali?	☐ Non lo sopporto! E' sempre in ritardo e sempre pieno! Preferisco andare in bici.

2

Sottolinea il pronome corretto e indovina che piatto stiamo preparando.

Prendiamo l'olio e **li/lo** mettiamo in una padella. Quando l'olio è caldo, prendiamo uno spicchio d'aglio, **lo/la** sbucciamo, **la/lo** tagliamo e **lo/la** mettiamo nell'olio. Poi facciamo a pezzetti un peperoncino e **la/lo** aggiungiamo al tutto. Quando gli spaghetti sono pronti **lo/li** buttiamo nella padella e **li/lo** facciamo saltare nella padella. Sai che ricetta è?

3

Forma delle frasi, come nell'esempio.

a. Le forbici

b. La forchetta

c. Il martello

d. Il motorino

e. Il cacciavite

f. Il cavatappi

g. Le scarpe da ginnastica

h. Le chiavi

- [ ] lo usiamo per piantare i chiodi.
- [ ] le usiamo per aprire porte e lucchetti.
- [ ] lo uso per mettere le viti.
- [a] **le usiamo per tagliare le cose.**
- [ ] lo usiamo per muoverci meglio in città.
- [ ] la uso per mangiare.
- [ ] le uso per fare jogging.
- [ ] lo usiamo per aprire le bottiglie.

4

Scrivi nella tabella a cosa si riferiscono i pronomi diretti evidenziati nel testo, come negli esempi.

Elena è in casa, oggi non è andata a scuola perché ha l'influenza. Ha il raffreddore e la febbre: da ieri sera **l'**ha misurata 3 volte ed era sempre a 38°.
La mamma misura di nuovo la temperatura: prende il termometro, **lo** scuote, **lo** mette alla figlia e dopo un po' controlla i gradi. Ancora 38!
Elena dorme ancora un po', poi si sveglia di nuovo e non sa cosa fare: si annoia. A scuola ci sono gli amici e adesso che deve stare da sola in casa ha nostalgia. Però oggi c'è il compito in classe! Grazie all'influenza **lo** ha saltato...meno male, perché gli argomenti di matematica non **li** aveva capiti bene.
Accende la televisione ma non trova niente di interessante. **La** spegne e prende un libro. **Lo** legge per qualche minuto ma poi **lo** chiude e decide di andare in cucina a mangiare qualcosa. Pensa: "Chissà cosa sta facendo Marina?" Quando vede che a scuola è l'ora di merenda prende il telefono e **la** chiama: "Come stai? **Lo** avete fatto il compito? Com'è andato? **Le** sapevi le risposte?"
Marina dice che quando esce da scuola, prima di andare a casa, passa da lei con Marco così **la** salutano.
Adesso Elena è più tranquilla. Sa che presto vede i suoi amici e **li** aspetta contenta.

pronome	si riferisce a...
l'	la febbre
lo	

5 Che oggetto è? Completa le frasi con i pronomi diretti e poi rispondi alla domanda.

Spazzolone **Forchetta** **Coltello** **Cavatappi** **Tazza** **Vaso** **Accendino**

Apriscatole **Sveglia** **Frullatore** **Ombrello** **Tostapane** **Lavastoviglie** **Forno**

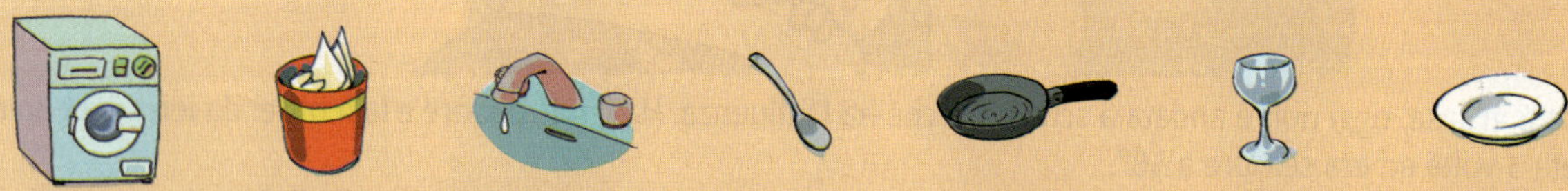

Lavatrice **Cestino** **Rubinetto** **Cucchiaio** **Padella** **Bicchiere** **Piatto**

1. È un oggetto che serve per tagliare quando mangi. ____________ devi usare con prudenza perché ti puoi far male con la lama.
2. A colazione, scaldi il latte e poi ____________ metti dentro questo contenitore .
3. Hai davanti una scatola di fagioli, ____________ devi aprire: cosa usi?
4. Serve per tritare gli alimenti. Le lame sono molto affilate e la corrente elettrica ____________ fa girare velocemente.
5. In genere è sotto ai fornelli. Se devi fare l'arrosto, ____________ devi cuocere in questo elettrodomestico.
6. Questo oggetto si trova nel bagno e nella cucina. Quando ____________ giri, esce l'acqua.
7. Serve per cucinare. È di metallo, ha un manico e si usa, ad esempio, per friggere le patate: ____________ metti dentro l'olio bollente e dopo un po' sono pronte!

11.3 I pronomi diretti con il participio passato

- Dopo i pronomi diretti **lo**, **la**, **li**, **le**, il participio passato del passato prossimo concorda con i pronomi **(-o, -a, -i, -e)**.
  Hai comprato il latte? Sì, **l**'ho comprat**o** ieri.
  Hai mangiato tu la torta? Sì, **l**'ho mangiat**a** tutta.
  Hai cambiato le scarpe? Sì, **le** ho cambiat**e**.
  Hai cucinato gli spaghetti? No, non **li** ho cucinat**i**.
- Dopo i pronomi diretti **mi**, **ti**, **ci**, **vi**, il participio passato del passato prossimo può concordare o non concordare con i pronomi.
  Giulia, sai bene che io **ti** ho amat**a** tanto!
  Giulia, sai bene che io **ti** ho amat**o** tanto!
  Marcus non **ci** ha vist**i**.
  Marcus non **ci** ha vist**o**.
- Soltanto **la** e **lo** prendono l'apostrofo prima di una parola che inizia con vocale.
  Hai visto l'ultimo film dell'Uomo Ragno? Sì, **l'**(lo) ho visto due volte.
  Hai visto Erika? No, non **l'**(la) ho vista.

Esercizi 11.3

1

Sto organizzando una festa di compleanno. Questa è la lista delle cose che devo fare e che ho già fatto. Unisci le parole con la frase corretta, come nell'esempio.

a. La torta
b. Gli amici
c. I CD di musica
d. Le patatine
e. I bicchieri
f. I palloncini colorati
g. Le due ragazze del piano di sotto

☐ li devo ancora gonfiare.
☐ le devo ancora invitare.
☐ li ho preparati vicino allo stereo.
☐ li ho messi sul tavolo assieme ai tovaglioli.
[a] **devo ordinarla.**
☐ li ho chiamati tutti.
☐ le ho già comprate.

2

Sottolinea l'espressione corretta.

È stato un episodio un po' particolare quello di ieri sera a Buckingham Palace (Londra). Il protagonista infatti **l'ha organizzato/l'ha organizzata** con molta fantasia. Un uomo è arrivato al Palazzo con un sacchetto di vestiti sotto braccio e **l'ha portato/l'ha portati** dentro. Nessuno **lo ha notato/li hanno notati** o ha cercato di **fermarlo/fermarla.** Ha preso i vestiti e **li ha indossati/lo ha indossato.** Poi è salito fin sopra alla torre ed è uscito sul cornicione…vestito da *Batman*! Quando dalla strada **l'hanno visto/l'hanno vista**, all'inizio **lo hanno scambiato/la hanno scambiata** per un attore. Poi è scattato l'allarme. Subito si sono raccolte decine di persone a **guardarlo/guardarla** e i poliziotti **la hanno circondata/lo hanno circondato**. L'uomo ha minacciato di buttarsi dalla torre: dovevano **ascoltarlo/ascoltarla**! Protestava contro la legge inglese per l'affidamento dei figli in caso di divorzio. Dopo qualche trattativa **lo hanno convinto/li hanno convinti** a scendere dalla torre. La notizia della curiosa protesta ha girato i telegiornali di tutto il mondo.

3

Inserisci il pronome diretto corretto e completa il participio passato. Poi trova a quale personaggio tra quelli elencati si riferisce la frase, come nell'esempio.

ESEMPIO: Ha conosciuto Piera e **l'**ha subito invitat**a** alla sua festa.

Aldo l'amicone

Bruno: il goloso - Rico e Ergina: i paurosi - **Aldo: l'amicone** - Maria e Barbara: le pettegole - Marta: la timida - Max e Roby: i viziati - Vincenzo: il ritardatario - Carla e Sania: le pigre - Ursula: l'artista - Sandra: l'imbranata - Stefania: la sportiva

1. È subito diventata tutta rossa quando Stefano ___ ha chiamat_ per salutar__ .

2. Mi sono nascosto dietro la porta e quando loro sono entrati in camera ___ ho spaventat__ moltissimo!

3. Quella ragazza è incredibile! Le ho passato il compito e il professore ___ ha beccat__! È proprio un disastro!

4. È sempre in ritardo! È normale. Non porta mai l'orologio. Probabilmente __ ha lasciat__ da qualche parte.

5. Cerchi Stefi? __ ho vist_ prima al parco a fare footing. Forse adesso ___ trovi in piscina.

6. Sono così noiose! Non ___ vediamo spesso. Stanno sempre in casa, quando __ abbiamo chiamat__ prima stavano guardando la TV.

7. Dov'è la torta? Scommetto che __ ha mangiat__ tutta lui! Quando c'è qualcosa di dolce in casa __ fa sempre sparire!

8. Oddio che chiacchierone quelle due! ___ ho incontrat__ per strada alle 3.00 e ___ ho potut_ lasciare solo dopo più di un'ora! Quanto parlano!!

9. I gemelli? Non ___ ho mai sopportat__! Vogliono sempre tutto e subito!

10. Dicono che è una pittrice molto brava. I suoi quadri alcuni ___ trovano bellissimi, ma io non ___ ho mai capit__.

I pronomi diretti

Unità di Apprendimento 12

Le preposizioni

12.1 Che cosa sono le preposizioni

- Le preposizioni sono piccole parole usate per collegare due elementi di una frase.
  Vado **a** casa.

- Le preposizioni semplici sono:

di a da in con su per tra fra

- Le preposizioni si trovano di solito prima di un nome, di un aggettivo o di un verbo all'infinito.
  Fido è il mio cane **da** guardia.
  Ciao Marco, oggi ho parlato **con** tua madre.
  Vado **a** studiare.

- Le preposizioni sono molto usate per indicare:
  a) il tempo di un'azione.
  Aspetto Ciro **da** trenta minuti!
  b) il luogo di un'azione.
  Io vengo **da** Roma, e tu?

Esercizi 12.1

1 Nei tre testi alcune preposizioni semplici non sono sottolineate. Trovale tu. Le preposizioni che devi trovare sono: una nel testo A, una nel testo B, due nel testo C. Poi indovina di chi o di che cosa si parla nei testi.

a) È un racconto scritto **da** una donna, **in** Inghilterra. Il protagonista **di** questo libro, Victor, è un giovane medico molto affascinante. **In** un laboratorio **di** Londra decide **di** costruire un uomo usando pezzi **di** cadaveri. In una notte **di** pioggia il mostro, gigantesco, inizia **a** muoversi. Victor scappa terrorizzato lontano da lì. Ma anche la sua 'creatura' scappa **per** inseguirlo e **per** vendicarsi **di** lui: il mostro si è accorto infatti che gli esseri umani hanno paura **di** lui.

Sai che libro è? → **F** _ _ _ _ _ _ _ _ _ _

b) È un conte **con** un grande mantello nero. Secondo la leggenda vive **in** Romania, **in** un castello **in** Transilvania. **Di** giorno dorme dentro una bara, la notte "bacia il collo **di** giovani donne addormentate. È conosciuto in tutto il mondo.

Sai chi è? → **Il conte D _ _ _ _ _ A**

c) La storia si svolge **in** Inghilterra. Di notte, **a** Londra, un individuo orribile e sospetto gira per la città commettendo omicidi. Molte persone lo vedono entrare **in** casa **di** un noto e stimato dottore e iniziano a temere **per** la sua vita. Ma l'uomo violento e orribile e il dottore ben educato sono la stessa persona. Il dottore infatti ha scoperto una pozione **per** trasformarsi, **di** notte, **in** un mostro!

Sai che romanzo è? → **Dottor _ _ _ _ _ _ _ e Mister _ _ _ _**

12.2 Le preposizioni di luogo

- Normalmente la preposizione di luogo **a** si usa con i nomi di:

– città	Domani vado **a Palermo**.
– isole piccole	Di solito facciamo le vacanze **a Capri**.

- Normalmente la preposizione di luogo **in** si usa con i nomi di:

– nazioni	Parigi è **in Francia**.
– regioni	La montagna **in Calabria** è molto bella.
– continenti	L'anno prossimo voglio andare **in Africa**.
– isole grandi	Sandro abita **in Corsica**.

- Normalmente la preposizione di luogo **da** si usa con i:

– nomi di persona	Vieni **da Marco** stasera?
– pronomi di persona	Domani c'è una festa **da me**.

- Normalmente la preposizione di luogo **per** si usa con i verbi:

– partire	Quando **parti per** Vienna?
– passare	Se vado a Torino **passo per** Genova.

- Altre espressioni di luogo molto usate sono:

– essere di	**Sono di** Mostar ma abito in Italia.
– tornare da	Omar **torna da** Casa Blanca sabato prossimo.
– venire da	Questo regalo **viene da** Cuba.
– vicino a	L'università è **vicino a** casa mia.
– lontano da	Anna vive **lontano da** Roma.

Esercizi 12.2

1

Conosci l'Italia? Completa le frasi con le preposizioni **in** o **a**.

1. Il fiume Po nasce in Piemonte e finisce in mare ___ Emilia Romagna.
2. ___ Sardegna, ___ Alghero, la gente parla catalano.
3. ___ Ischia* ci sono sorgenti termali ottime per la salute.
4. ___ Matera, ___ Basilicata, ci sono delle case molto particolari, scavate nella montagna.
5. Il lago di Como è vicino ___ Milano.
6. Molti italiani dopo la prima guerra mondiale sono emigrati ___ America e ___ Australia.
7. Ci sono molti italiani che vivono ___ Germania e tornano ___ Italia per le vacanze.

*Ischia: piccola isola vicino Napoli

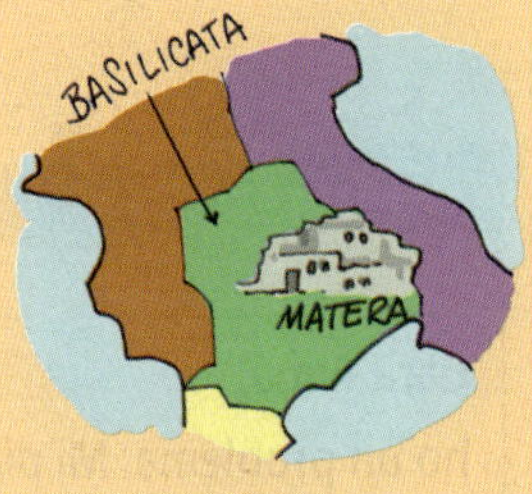

2

Conosci l'Italia? Completa le frasi con **da** o **di** come nell'esempio. Poi decidi se le frasi sono vere o false. Fatti aiutare dai tuoi compagni di classe.

	vero	falso
1. La famosa torta "pastiera" viene da Napoli.	☐	☐
2. Il fiume Tevere passa ___ Firenze e ___ Pisa.	☐	☐
3. Il vino Brunello viene ___ Montalcino.	☐	☐
4. Napoli è molto lontana ___ Amalfi.	☐	☐
5. La torre ___ Pisa si trova a Perugia.	☐	☐
6. Il carnevale ___ Venezia è molto famoso.	☐	☐
7. Gli Appennini vanno ___ nord a sud.	☐	☐
8. Le cave di marmo ___ Carrara sono in Toscana.	☐	☐

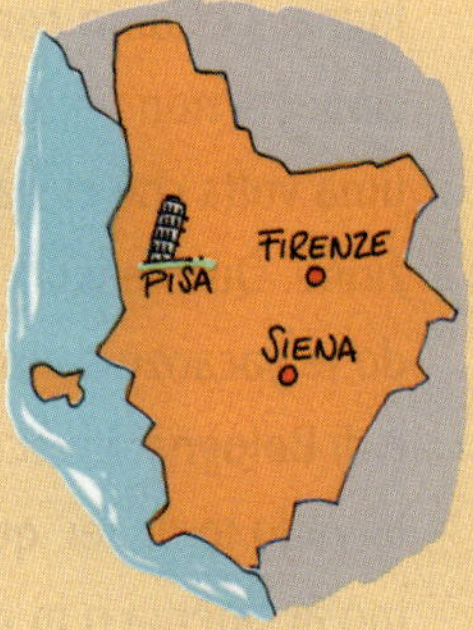

3

Sottolinea le preposizioni di luogo corrette nei dialoghi.

♦ Pronto? Ciao Andrea, sono Silvia.
♣ Ciao, come stai?
♦ Bene grazie, sono qui **in/a** Bologna perché non ci vediamo?
♣ Dove sei adesso?
♦ In via Mazzini, vicino **a/da** casa tua…
♣ Si, non sei lontana **da/a** me: perché non vieni qui? Ti offro un the…
♦ Veramente devo andare **da/a** Marco e non posso fare tardi. Mi puoi accompagnare?
♣ Come no! Facciamo così: tu mi suoni e io scendo subito.
♦ Perfetto! Arrivo fra 5 minuti. Ciao!

4

Completa con le preposizioni.

Cara Anna,
ho un problema. Mi piace tanto un ragazzo e anche io piaccio a lui. Lui però abita ___ Lucca, lontano ____ me che invece abito ____ Livorno. Il problema è che non riusciamo mai a vederci. Qualche volta ci diamo appuntamento _____ Pisa, che è a metà strada per tutti e due ma quando siamo lì ci tocca stare nei bar e costa un sacco di soldi. Se vuole, lui può venire a casa mia, tanto mia mamma e mio babbo lavorano tutto il giorno, ma dice che non può fare un viaggio così lungo perché ha tanto da studiare (fa la prima Liceo). Io posso andare ___ lui, perché a ragioneria danno meno compiti, ma la sua mamma ha un negozio proprio davanti alla casa: se vado a trovarlo mi vede di sicuro e lui non vuole presentarmi, si vergogna. Secondo te mi ama davvero? Che dobbiamo fare per risolvere i nostri problemi?

5

In questo testo ci sono 4 preposizioni di luogo sbagliate. Quali sono?

Domani viene a trovarmi la mia ragazza. Lei abita a Casalecchio, un paese vicino a Bologna. Ci siamo conosciuti da Rimini, in spiaggia, questa estate e ci siamo subito piaciuti. Lei non è italiana, viene da un altro paese, l'Albania, ma vive qui da 5 anni. L'ultima volta che ci siamo visti sono andato io da Casalecchio. Ho preso il treno alla stazione. Questa volta viene lei con l'autobus, così possiamo fare un giro a centro. Quando le vacanze sono finite io pensavo che non ci potevamo più vedere perché lei non è di Bologna. Invece ci siamo organizzati bene e ogni sabato ci incontriamo: un sabato vado io da lei, quello dopo viene lei a me. Passiamo il pomeriggio assieme, andiamo al cinema o in qualche bar oppure ci incontriamo con i nostri amici.

12.3 Le preposizioni di tempo

- Normalmente si usa la preposizione di tempo **da** per esprimere un tempo continuato, cioè un'azione che ancora continua nel presente o nel momento dell'azione principale.
  Aspetto l'autobus **da** mezz'ora (e sono ancora qui ad aspettarlo).
  Studio inglese **da** molto tempo (e ancora lo studio).
  Nel 1999 sono andato via da Bologna. Vivevo lì **da** 4 anni (e vivevo lì anche prima del 1999).

- Normalmente si usa la preposizione di tempo **per** per esprimere un tempo determinato, cioè un'azione chiusa da limiti di tempo, nel passato o nel futuro. Qualche volta **per** si può eliminare.
  Ho aspettato l'autobus **per** mezz'ora (sono andato via, non lo aspetto più).
  Voglio vivere all'estero (**per**) un po' di tempo.
  Rimango a Milano (**per**) 2 mesi.

- Anche **fa** è una preposizione di tempo. Normalmente si usa per esprimere un periodo preciso nel passato.
  Ho conosciuto Rita 2 anni **fa**.
  Sono arrivato alla stazione dieci minuti **fa** e ho perso il treno.

- Normalmente si usano le preposizioni di tempo **tra/fra** per esprimere un periodo preciso nel futuro.
  Mi alzo **tra** cinque minuti.
  Il prossimo treno parte **fra** un'ora.

- Normalmente si usano le preposizioni di tempo **da... a...** per esprimere un periodo determinato, con un inizio preciso e una fine.
  Vado a scuola **da** settembre a giugno.
  Sergio studia **da** mattina **a** sera.

Esercizi 12.3

1 Sottolinea la preposizione di tempo corretta.

Sonja vive a Roma **da/fra** 3 anni. La sua storia è piuttosto comune: è arrivata a Roma 3 anni **da/fa** per raggiungere i genitori che lavoravano in Italia già **per/da** un anno. All'inizio non era contenta di lasciare tutti i suoi amici e i nonni. Poi invece ha trovato dei compagni di classe simpatici e ha preso una cotta per un ragazzo della sua scuola, Antonio. Anche lui ha preso una cotta per Sonja. **Per/Da** 3 mesi si sono guardati da lontano, poi alla fine si sono messi assieme.
I primi tempi che era a Roma, Sonja passava tutto il giorno, **da/per** mattina **a/da** sera, a studiare l'italiano perché non voleva andare male a scuola. Non capiva bene le lezioni e non sapeva parlare. Ora però parla benissimo l'italiano: **fa/da** qualche mese non ha più problemi con la lingua. **Da/Fra** poco, finita la scuola media, inizia il Liceo Scientifico. È molto contenta perché sa che appena fatto l'esame di terza va dai nonni in Albania per una vacanza **da/fra** luglio **a/da** Settembre... è **da/a** 3 anni che non li vede!

2

Sottolinea la preposizione di tempo corretta.

In/Fra pochi giorni finisce la scuola. **Da/in** Maggio ho cominciato il conto alla rovescia: meno 30, meno 29, meno 28…Ogni giorno dico: **fra/fa** pochi giorni finisce la scuola! Sono un po' stanca di alzarmi tutte le mattine presto, fare colazione in 10 minuti e poi correre all'autobus. Stare a scuola seduti **per/tra** 5 ore è una vera tortura…e poi il pomeriggio mi tocca rimanere a casa a studiare: che ingiustizia!
Tutti gli anni è così: **a/in** Giugno sono stanchissima e aspetto solo le vacanze; poi però, appena mi sono riposata, inizio a dire: "Uffa, dieci giorni **fa/fra** vedevo tutte le mattine i miei compagni e ora invece devo stare tutto il giorno col mio fratellino…che noia!".

3

Completa con le preposizioni di tempo.

Antonio pensa:
"Oddio! Questa è una giornata importante. Sono nervoso, Sonja ha detto che arrivava alle tre. Sono qui davanti al chiosco che aspetto ______ almeno 10 minuti! Forse non viene. Ha detto di sì ma poi ci ha ripensato. È ______ tre mesi che la guardo sempre…forse pensa che sono un imbranato…Se _______ 5 minuti non arriva me ne vado. Però forse ha perso l'autobus…quello dopo arriva alle tre e mezzo. Aspetto ancora un po'…Magari se ne è scordata…Ma no, quando mi ha salutato a scuola mi ha detto "Ciao, a dopo!".
Facciamo così: se _______ altri 10 minuti non è qui, me ne vado. Certo che è ______ una settimana, da quando le ho chiesto di uscire con me, che aspetto di incontrarla da solo…in fondo posso aspettare qualche minuto in più! Speriamo bene!"

4 Completa il testo con le preposizioni: **fa - fra - per - da**.

Pecora "capellona"

_____ sei anni si è nascosta nelle grotte per non essere tosata. Ma alla fine Wanda, la capra merinos più famosa della Nuova Zelanda, è stata catturata e tosata in diretta televisiva. Alla fine le lana tagliata alla pecora pesava 27 chili!

Gatto in cabina

Momenti di panico su un aereo del Bangladesh: un gatto, entrato nella cabina di pilotaggio, ha assaltato e graffiato il povero pilota. L'uomo ha cercato di difendersi come poteva. L'hostess _____ qualche minuto sentiva strani rumori provenire dalla cabina, ma il pilota non ha pensato di chiamare aiuto. Pieno di graffi, l'uomo è stato medicato a bordo, ma per fortuna non ci sono state grandi conseguenze.

Un canguro salva un uomo e riceve una medaglia!

Lulu, un esemplare femmina di canguro, riceverà _____ un mese il premio speciale da un'associazione australiana per la protezione degli animali per aver "dato l'allarme" dopo aver trovato un uomo privo di sensi qualche mese _____. Leonard Richards stava controllando i danni causati da una violenta tempesta quando è stato colpito da un ramo. Lulu l'ha scoperto e si è messa a "urlare" fino a quando la moglie di Richards è uscita a vedere cosa stava succedendo. L'uomo è stato portato all'ospedale. Lulu sarà premiata con la medaglia al merito assieme a un certificato d' onore.

(adattato da *Il giornalino dei ragazzi on line*)

12.4 Altre preposizioni

- Spesso con i luoghi che finiscono in **-ia** si usa la preposizione **in**. Quando il luogo è determinato, si usa la preposizione articolata **alla**.
  Andiamo **in** pizzeria?
  Andiamo **alla** pizzeria "Bellanapoli"?
  Laura deve andare **in** farmacia.
  Laura deve andare **alla** farmacia di via Ripetta.

- Per esprimere il **materiale** si usa di solito la preposizione **di**.
  Questa maglia è **di** cotone.
  Il tavolo di cucina è **di** legno scuro.

- Quando c'è un verbo dopo un pronome indefinito (**qualcosa**, **niente**, **molto**, **troppo**, ecc.) si usa normalmente la preposizione **da** prima del verbo.
  Che sete! Compro qualcosa **da** bere.
  Non ho niente **da** mangiare con me.
  Oggi ho troppo **da** fare.

- Quando c'è un verbo dopo un sostantivo spesso si usa la preposizione **da** prima del verbo.
  Serena vuole un cucciolo **da** coccolare.
  Ci sono i bambini **da** portare a scuola.

- Quando c'è un aggettivo dopo un pronome indefinito si usa normalmente la preposizione **di** prima dell'aggettivo.
  Ho comprato qualcosa **di** carino per il compleanno di Vania.
  Ieri non ho fatto niente **di** particolare.

Esercizi 12.4

1 Unisci le frasi tra loro e scegli la preposizione corretta.

a. Bella quella camicia! È di/a seta?	☐ Probabilmente metto la gonna **di/a** jeans.
b. Volete niente **di/da** mangiare?	☐ Vuoi qualcosa **di/da** mangiare?
c. Ciao, hai un po' di tempo?	☐ Sì, ma preferisco le maglie **per/di** lana. Ho sempre freddo!
d. Sei già stato **a/in** panetteria?	a **No, ma sembra seta, vero?**
e. Vieni al cinema sabato?	☐ Se vuoi, porto io delle patatine e dei biscotti.
f. Cosa avete fatto ieri?	☐ Grazie, abbiamo già mangiato.
g. Che fame!	☐ Mi dispiace, devo correre **in/a** scuola, sono in ritardo!
h. Che metti domani alla festa?	☐ Sì, ho già comprato la pizza.
i. Non ho niente **a/da** mangiare per la festa di domani.	☐ Non abbiamo fatto niente **a/di** speciale.
l. Ti piace questa maglia?	☐ Non posso. Ho molto **a/da** studiare per l'esame.

2 Sottolinea la preposizione corretta.

Mauro è un ragazzo molto attivo, ha sempre mille cose **da/a/per** fare e inventa sempre qualcosa **da/di/su** nuovo e interessante per passare il tempo. Il mese scorso, per la festa del suo compleanno, ha organizzato assieme ai suoi cugini una caccia al tesoro per gli amici. È stata davvero divertente. I partecipanti hanno avuto molti enigmi **a/da/di** risolvere e diverse cose **per/da/di** fare: il giro del paese in bicicletta, salire sul campanile della chiesa, correre **a/in/da** cartoleria a trovare del bianchetto... Le squadre poi hanno anche dovuto organizzare una sfilata di moda con abiti improvvisati fatti **per/da/di** carta e plastica. Alla fine della caccia tutti i partecipanti, stanchissimi, hanno mangiato delle pizze che aveva fatto la sua mamma e poi sono tornati a casa.

12.5 Le preposizioni articolate

- Qualche volta le preposizioni sono seguite da un articolo determinativo. In questo caso le preposizioni **di, a, da, in, su** si uniscono all'articolo e formano una **preposizione articolata**.
  L'auto **del (di + il)** padre di Silvia è rotta.
  Nello (in + lo) zaino c'è il libro di matematica.
  Andiamo **al (a + il)** cinema domenica?
  Non sono mai andata **sulle (su + le)** Alpi.
- Le preposizioni **con**, **per**, **tra**/**fra** non si uniscono all'articolo.
  Oggi pomeriggio esco **con le** mie amiche.
  Tra le due ragazze preferisco Daria.
  I giocattoli sono **per i** bambini piccoli.
- Non ci sono regole precise per decidere l'uso delle preposizioni articolate. Normalmente si usano:
  a) al plurale;
  Negli Stati Uniti parlano inglese.
  Kurt vive **nei** Paesi Bassi.
  Studio spesso **nelle** biblioteche.
  b) prima di un sostantivo determinato, particolare.
  Mio padre lavora **nell'**ufficio al primo piano.
  La domenica Carla va **nella** discoteca di via Lunga.
  Vado **alla** scuola di Via Manzoni.

Completa tu la tabella delle preposizioni. Fatti aiutare dai tuoi compagni di classe.

preposizioni articolate							
	il	*lo*	*la*	*i*	*gli*	*le*	*l'*
di		dello	della	dei	degli		dell'
a	al	allo		ai	agli	alle	
da	dal		dalla	dai	dagli	dalle	dall'
in	nel	nello	nella	nei		nelle	nell'
su		sullo	sulla	sui	sugli		sull'

Esercizi 12.5

1

Completa con le preposizioni articolate, come nell'esempio.
ESEMPIO: "Vai a judo, stasera?" "No, vado (a + il) al cinema."

1. "Di chi è quel motorino?" "È (di + la) _____ mia amica."
2. (Da + le) _____ otto fino (a + l') _____ ultima ora Mohamed non ha smesso un attimo di fare confusione in classe!
3. "Dove sono le chiavi?" "In casa, (in + il) _____ mio zaino."
4. "Sei venuta (con + la) _____ bicicletta?" "No, sono venuta in motorino."
5. (Su + il) _____ tavolo in cucina ci sono i bicchieri di carta.
6. Scusi, fate riduzioni (a + i) _____ ragazzi?
7. Perché non ci vediamo (fra + le) _____ cinque e le sei?
8. "Dov'è il bagno?" "(Tra + la) _____ segreteria e la terza D."
9. Paolo Rossi è uno (di + i) _____ nomi più comuni in Italia.

2

Sottolinea la preposizione articolata corretta come nell'esempio e decidi se è vero o falso,. Fatti aiutare dai tuoi compagni di classe.

	vero	falso
1. Es: Toccare la schiena al/**allo** gobbo porta fortuna.	☐	☐
2. Mettere le chiavi **sui/sul** letto porta sfortuna.	☐	☐
3. **Ai/Agli** studenti prima **dell'/degli** esami si dice : "Buona fortuna!"	☐	☐
4. Quello che fai il primo **dall'/dell'** anno lo fai tutto l'anno.	☐	☐
5. 17 è il numero **nella/della** fortuna.	☐	☐
6. Aprire un ombrello **al/all'** interno di una casa porta fortuna.	☐	☐
7. Se passi sotto **alla/della** scala sei fortunato.	☐	☐
8. Far cadere l'olio **sull'/sul** tavolo porta sfortuna.	☐	☐

3

Completa il testo con le preposizioni semplici e articolate della lista.
degli - dalla – al – di - di - di – di - In – con - al - per - nella - fra - alla – al - per

_____ Giappone c'era una scuola _____ meditazione molto famosa chiamata Tendai. Quattro allievi _____ questa scuola, molto amici _____ loro, decidono _____ rimanere in silenzio _____ sette giorni. Il primo giorno restano zitti _____ mattina _____ sera. Ma la sera, _____ buio, il primo _____ allievi a un certo punto dice _____ servitore: "Fai più luce _____ stanza! Regola meglio la lampada!"
Allora il secondo allievo dice _____ primo: "Ma noi abbiamo deciso _____ non dire una parola _____ sette giorni!"
E il terzo: "Che due stupidi siete: avete parlato!"
"Io no: sono l'unico che è stato zitto!" conclude il quarto _____ convinzione.

(adattato da Senzaki e Reps "101 storie zen")

Le preposizioni

4

Sanremo è una città molto conosciuta perché ogni anno ci si svolge un famoso Festival della canzone italiana. Se non sai in quale regione si trova Sanremo, scegli le frasi corrette. Le lettere abbinate ti danno il nome della regione. Poi correggi le frasi sbagliate.

1. La biblioteca di scuola media è grande.	T
2. Mi piacerebbe andare in Stati Uniti.	O
3. Ieri sono andata alla piscina comunale.	L
4. Sono venuto al lavoro con la bici di mia sorella.	I
5. Ho dimenticato zaino in macchina mia madre.	S
6. È proibito camminare su prati.	C
7. A Carnevale c'è sempre tanta gente per le strade.	G
8. Sono tornato ieri dagli Stati Uniti.	U
9. Ho appena telefonato a miei genitori.	A
10. Anna gioca nella squadra di basket.	R
11. È bellissimo andare a ballare in discoteca!	I
12. Sei mai andato in Paesi Bassi?	N
13. Ci vediamo a sala giochi di Piazza Manzoni.	E
14. Nazira viene dal Marocco.	A

Il nome della regione è _ _ _ _ _ _ _

Ora correggi le frasi sbagliate

____

____

____

____

____

____

____

Unità di Apprendimento 13

I pronomi indiretti

13.1 Che cosa sono i pronomi indiretti

- I pronomi indiretti si usano per sostituire una persona o un oggetto quando è preceduto dalla preposizione **a**.
  Ho visto Carlo e **gli** ho dato il regalo. (**gli = a lui, a Carlo**)
  Ho parlato con Rita e le ho detto tutto. (**le = a lei, a Rita**)
  Perché non **mi** telefoni domani? (**mi = a me**)

- Il pronome indiretto si trova di solito prima del verbo.
  Vera non viene all'opera. Non **le** interessa.

- Con la forma di cortesia si usa il pronome indiretto di 3ª persona **Le**.
  Scusi signora, Le dispiace se fumo? (Le = a Lei)

- Alcuni verbi italiani vogliono normalmente il pronome indiretto: **piacere**, **sembrare**, **dispiacere**, ecc.
  Ti piace la mia nuova casa?
  Questo film **mi sembra** bellissimo.

- Il pronome indiretto di 3ª persona plurale ha due forme: **gli** e **loro**. Il pronome **loro** è meno comune e si usa dopo il verbo.
  I miei genitori festeggiano le nozze d'argento. Io **gli** ho regalato un fine settimana a Capri.
  (**gli = a loro, ai miei genitori**)
  I miei genitori festeggiano le nozze d'argento. Io ho regalato **loro** un fine settimana a Capri
  (**loro = a loro, ai miei genitori**)

I pronomi indiretti

Con i verbi modali o fraseologici (**potere**, **volere**, **dovere**, **sapere**, **cominciare a, stare per**, **stare + gerundio, finire di**) + l'infinito, il pronome indiretto può andare prima del verbo o dopo l'infinito.

Ti ha chiamato Franco. **Gli** devi ritelefonare.
Ti ha chiamato Franco. Devi ritelefonar**gli**.
Ho parlato con Francesca. **Le** ho finito di raccontare la mia storia.
Ho parlato con Francesca. Ho finito di raccontar**le** la mia storia.

I pronomi indiretti		
	singolare	**plurale**
1ª persona	mi (a me)	ci (a noi)
2ª persona	ti (a te)	vi (a voi)
3ª persona maschine	gli (a lui)	gli (a loro)
3ª persona femminile	le/Le (a lei/a Lei)	gli (a loro)

Esercizi 13.1

1

Chi parla? Scegli il pronome indiretto corretto e indovina chi dice queste frasi. Scegli tra i personaggi proposti. Segui l'esempio.
il barista – il vigile – il controllore – la commessa – la mamma – il bambino piccolo – il parrucchiere – il ragazzo interrogato – la professoressa – il postino – il bigliettaio

ESEMPIO: Signora, **Le/gli** consiglio di andare più piano. → il vigile

1. Guardi prof. che **ti/Le** ho detto tutto quello che c'è sul libro! ____________
2. Mi dispiace ma **ci/ti** devo dare un brutto voto. Non hai studiato. ____________
3. Per ritirare la raccomandata **mi/vi** deve fare una firma qui. ____________
4. Quante volte **mi/vi** devo dire che la musica troppo alta disturba i vicini? ____________
5. **Ti/Mi** riscaldo la pizzetta o va bene così? ____________
6. No, la banana non **ti/mi** va! Non **ti/mi** va e non **ti/mi** va! ____________
7. Questi pantaloni **gli/Le** stanno proprio bene signore! ____________
8. Ecco fatto! **Le/vi** metto un po' di gel? ____________
9. Allora **vi/ti** prenoto due posti sull'Eurostar delle 10. Così arrivate alle 12. ____________
10. Non avete il biglietto? Allora **ti/vi** devo fare una multa. ____________

2 Metti in ordine i dialoghi inserndo nei quadratini la giusta sequenza. Poi sottolinea i pronomi indiretti e scrivi nella tabella chi, o a cosa si riferiscono, come nell'esempio.

Dialogo A

1. Sì grazie, gli può dire che ha telefonato Pietro e che gli ritelefono più tardi?
2. Pronto buongiorno, c'è Daniel?
3. Va bene, Pietro. Gli dico che hai chiamato.
4. No, mi dispiace, Daniel è fuori. Vuoi che gli dica qualcosa?

2 ☐ ☐ ☐

	pronome indiretto	si riferisce a...
Dialogo A 	gli	Daniel

Dialogo B

1. Non mi piace molto il nero. Non avete niente di blu o grigio?
2. Sì, che taglia ti serve?
3. Salve. Posso esserti d'aiuto?
4. Una S per favore.
5. Vorrei vedere quel maglione in vetrina.
6. Ti va bene nero? Abbiamo solo questo colore di quella taglia.
7. No, mi dispiace.

☐ ☐ ☐ ☐ ☐ ☐ ☐

	pronome indiretto	si riferisce a...
Dialogo B 	Mi	Il ragazzo

Dialogo C

1. No, grazie. Dura tre ore!
2. Che film c'è?
3. Vi va di venire al cinema oggi pomeriggio?
4. Il signore degli anelli. Vado con Carla, le piacerebbe rivederlo.

☐ ☐ ☐ ☐

	pronome indiretto	si riferisce a...
Dialogo B 		

3 Leggi questa pagina di diario di una ragazza, poi sostituisci, nei quadratini, tutte le parole sottolineate con un pronome indiretto, come nell'esempio.

Sono stanchissima! Che giornata! Oggi a pallavolo è successo il finimondo! L'allenatore era arrabbiato perché la nostra squadra ha perso anche questa domenica e era arrabbiato con tutte noi. A noi [ci] diceva continuamente che siamo pigre, che non abbiamo voglia di vincere, non sappiamo giocare.
Noi abbiamo detto all'allenatore ☐ che non è vero e che ci impegniamo tanto. Ma lui ha risposto che a lui ☐ non interessa, che a lui ☐ importano solo i risultati e tre sconfitte sono troppe.
Poi abbiamo iniziato ad allenarci. È stato difficile. C'era tensione e la palla cadeva a noi ☐ di continuo.
L'allenatore urlava a noi ☐ che eravamo imbranate. La cosa più imbarazzante è che c'erano dei ragazzi sulle scalinate!
L'allenatore si è accorto che ci vergognavamo e ha gridato ai ragazzi ☐ di andare via. Che figura!
Anna diceva a me ☐ che non riusciva a concentrarsi e infatti sbagliava tutte le battute!
A un certo punto però abbiamo iniziato a giocare meglio e a fare dei bei palleggi. L'allenatore ha detto a noi ☐ "Finalmente! Dovete giocare sempre così!" e noi abbiamo risposto all'allenatore ☐ che se urla a noi ☐ sempre, poi non riusciamo più a fare niente di buono.
Ci siamo allentate per tre ore senza fermarci mai e alla fine a me ☐ facevano male le gambe e Mina urlava perché a Mina ☐ era preso un crampo!
Adesso sono stanchissima e voglio solo andare a dormire…

4

Elena è a casa con l'influenza. Marina va a trovarla ed Elena le dà un biglietto con scritte tutte le cose che deve fare. Scrivi nelle righe il pronome indiretto corretto.

(alla prof di matematica e al prof di italiano):
_______ devi dire che non _______ mettano insufficiente in pagella perché sto studiando tanto.
_______ prometto che appena guarisco mi faccio interrogare!

(a Samuele):
_______ devi dare questo CD che _______ ha prestato.
_______ devi dire se ha voglia di venirmi a trovare.

(alla custode):
Appena torno _______ rendo l'euro che _______ ha dato mercoledì per la merenda!
(a Serena): _______ devi dare questo regalo. Mi è dispiaciuto non andare alla sua festa di compleanno.

5

Che giorno è? Completa con i pronomi indiretti e indovina che giorno è.

1. Ieri siamo andati da Elisa e _______ abbiamo portato un regalo. Abbiamo mangiato la torta e _______ abbiamo cantato "Tanti auguri a te".
   Natale ☐ **matrimonio** ☐ **compleanno** ☐

2. I bambini hanno trovato una calza con dentro i dolci che _______ piacciono di più.
   Natale ☐ **Epifania** ☐ **compleanno** ☐

3. Abbiamo mangiato le uova benedette e l'agnello e gli invitati (a noi) _____ hanno portato le uova di cioccolata.
   carnevale ☐ **Pasqua** ☐ **capodanno** ☐

4. È stato un pranzo lunghissimo! (a noi) _______ hanno fatto mangiare antipasti, 4 primi, 4 secondi, frutta, formaggi e, naturalmente il dolce di nozze! Quando gli sposi sono partiti _______ abbiamo fatto molti scherzi.
   matrimonio ☐ **Pasqua** ☐ **capodanno** ☐

5. (a te) _______ è piaciuta la festa? A me molto. I fuochi artificiali di mezzanotte erano meravigliosi!
   Natale ☐ **capodanno** ☐ **matrimonio** ☐

6. Ho incontrato Sonia alla festa in maschera. _______ ho parlato per tutta la sera ma non ho capito che era lei!
   carnevale ☐ **Pasqua** ☐ **compleanno** ☐

I pronomi indiretti

Unità di Apprendimento 14
L'indicativo imperfetto

14.1 Che cos'è l'imperfetto

- L'imperfetto si usa per descrivere persone, animali, oggetti, luoghi, situazioni nel passato.
  Mia nonna **si chiamava** Berta, **aveva** due cani e tre gatti. I gatti e i cani **erano** bellissimi.

imperfetto - verbi regolari			
	am-**are**	ved-**ere**	apr-**ire**
io	am-**avo**	ved-**evo**	apr-**ivo**
tu	am-**avi**	ved-**evi**	apr-**ivi**
lui/lei/Lei	am-**ava**	ved-**eva**	apr-**iva**
noi	am-**avamo**	ved-**evamo**	apr-**ivamo**
voi	am-**avate**	ved-**evate**	apr-**ivate**
loro	am-**avano**	ved-**evano**	apr-**ivano**

Esercizi 14.1

1 Guarda le parole scritte in maiuscolo e sottolinea solo i verbi all'imperfetto.

a) Quando **ERO** piccola **TUTTI** mi **DICEVANO** che **SEMBRAVO** mio fratello, ma io non **ERO** contenta, prima di tutto **PERCHÉ** lui **ERA** un maschio e poi **PERCHÉ** mio fratello non mi **PIACEVA**. **ERA** antipatico e non **VOLEVA** mai **GIOCARE** con me, mi **FACEVA SEMPRE** gli scherzi e **RIDEVA** di me con i suoi amici. E tu: **ANDAVI** d'**ACCORDO** con tuo fratello o con **TUA** sorella?

14.2 La forma dell'imperfetto

- Quasi tutti i verbi hanno un **imperfetto** regolare.
  Da bambina giocavo con le bambole.
  Una volta i ragazzi leggevano più libri e guardavano meno tv.
  Ieri sera non riuscivo a dormire per il caldo.
  Quando avevo dieci anni il sabato andavo sempre al cinema.
  Aldo e Giorgio venivano spesso a trovarmi.

- I verbi **essere**, **fare**, **dire** e **bere** hanno un imperfetto irregolare.
  Stamattina c'**era** il sole ma **faceva** freddo.
  Non ho capito che cosa **diceva** Carlo.
  Quando **ero** piccolo **bevevo** molto latte.

imperfetto - verbi regolari

	essere		fare
io	**ero**	*io*	**facevo**
tu	**eri**	*tu*	**facevi**
lui/lei/Lei	**era**	*lui/lei/Lei*	**faceva**
noi	**eravamo**	*noi*	**facevamo**
voi	**eravate**	*voi*	**facevate**
loro	**erano**	*loro*	**facevano**

	dire		bere
io	**dicevo**	*io*	**bevevo**
tu	**dicevi**	*tu*	**bevevi**
lui/lei/Lei	**diceva**	*lui/lei/Lei*	**beveva**
noi	**dicevamo**	*noi*	**bevevamo**
voi	**dicevate**	*voi*	**bevevate**
loro	**dicevano**	*loro*	**bevevano**

Esercizi 14.2

1 Sottolinea la forma corretta dell'imperfetto.

Mia nonna mi racconta sempre che quando lei **ero/era** giovane e **vivevi/viveva** in campagna la vita non **erano/era** molto facile. I contadini **mangiavamo/mangiavano** carne solo una volta la settimana, quando **eravate/erano** fortunati. E di solito **ero/era** carne di coniglio allevato da loro. I giovani **doveva/dovevano** aiutare in casa e solo le famiglie meno povere **potevano/potevate** permettersi di far studiare qualche figlio. Come **vivevano/viveva** i contadini nel tuo paese 70 anni fa?

2 Sottolinea la forma corretta del verbo e indica se le frasi sono vere (V) o false (F) nel quadratino bianco. Fatti aiutare dai compagni.

☐ 1. Le piramidi **erano/eri** le tombe dei re egizi.

F 2. I fenici **avevano/avevate** un tempio bellissimo chiamato Partenone

☐ 3. Picasso **era/ero** un famoso scultore.

☐ 4. I pittori fiamminghi **erano/ero** un gruppo di pittori di Milano.

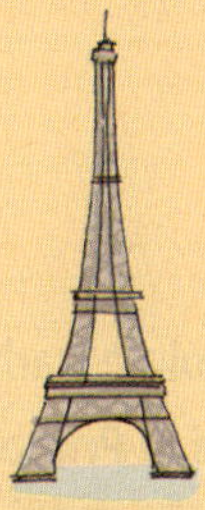

☐ 5. La Tour Eiffel, a Parigi, **era/erano** famosa già nel 1700.

☐ 6. Prima dell'eruzione del Vesuvio, Pompei **rappresentavi/rappresentava** un importante centro romano commerciale e culturale con moltissimi affreschi e opere d'arte.

☐ 7. Nell'antica Roma si **trovava/trovavano** molti monumenti.

☐ 8. Monet e Renoir **erano/eri** pittori francesi.

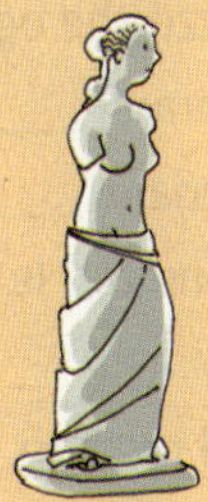

☐ 9. La Venere di Milo **aveva/avevo** tre braccia.

☐ 10. Gli aztechi **costruivano/costruiva** templi a forma di piramide.

3 **Metti i verbi all'imperfetto.**

Liguria. Secondo una leggenda, ad Alassio, una cittadina della Liguria, molto tempo fa (vivere) ___________ alcune streghe chiamate "bazure". Nelle notti di tempesta, le streghe (ritrovarsi) ___________ sulla spiaggia, (mettere) ___________ in mare le barche che i pescatori (avere) ___________ lasciato e (andare) ___________ verso l'Africa. Prima dell'alba, però, (tornare) ___________ con enormi quantità di datteri.

Lombardia (Valtellina). Ancora oggi nel paese di Primolo è tradizione toccare il vetro che protegge l'immagine della Madonna di Primolo. Infatti, un tempo le ragazze che non (trovare) ___________ marito (chiedere) ___________ l'aiuto della Madonna in questo modo.

Calabria. Secondo una leggenda, nelle grotte alla base del monte Riventino una volta (vivere) ___________ delle fate. Queste fate (volere) ___________ costruire una chiesa sul monte perché (essere) ___________ molto religiose. Solo un uomo (potere) ___________ comunicare con le fate. (Essere) ___________ il ragazzo che ogni giorno (portare) ___________ il pranzo agli uomini che (lavorare) ___________ alla costruzione della chiesa. Ogni giorno il ragazzo (parlare) ___________ con le fate e poi (andare) ___________ a dare ai muratori le istruzioni per costruire la chiesa. Ma gli uomini, che (essere) ___________ curiosi e (volere) ___________ vedere le fate, uccisero il ragazzo, che (cercare) ___________ di proteggerle. Da quel giorno nessuno ha più visto le fate.

14.3 Uso dell'imperfetto

- L'imperfetto si usa normalmente:

a) in una descrizione fisica o atmosferica.
Da bambina **avevo i capelli biondi**.
Faceva così **freddo** ieri!

b) per indicare una ripetizione o un'abitudine.
D'estate **andavamo** al mare **tutti i giorni**.
Ricordo che **di solito dicevi** molte bugie.

c) per una descrizione psicologica, una sensazione e un sentimento.
Non sono venuto perché **ero triste**.
Anna **non si sentiva bene** ieri.

d) all'inizio di una favola;
C'**era una volta** un re che **aveva** una figlia bellissima.

e) con le espressioni **stare + gerundio** e **stare per**.
Stavate mangiando?
Stavano per uscire quando siamo entrati.

f) dopo la parola **mentre**;
Mentre guardavamo la TV è saltata la luce.

g) quando si esprime un'azione continuata, che non è finita o non è stata limitata nel tempo.
Aspettavo l'autobus già da mezz'ora quando è passato mio padre in macchina.
Anna **era** in casa e **leggeva** il giornale.

- In caso di un'azione delimitata nel tempo, si preferisce usare il **passato prossimo.**
Ieri ho studiato **tutto il** giorno.
Abbiamo lavorato **dalle** 9 **alle** 5.

Esercizi 14.3

1

Sottolinea i verbi all'imperfetto e al passato prossimo e scrivili nella tabella con l'infinito da cui derivano, come negli esempi.

Mio fratello Giacomo **è nato** il 4 marzo, di giovedì. **Era** un giorno caldo e c'era un tempo così bello che sembrava primavera. Subito dopo la nascita la mia mamma l'ha voluto vedere e lo ha tenuto un po' lì con sé. Mi ha detto che Giacomo sembrava un cantante rock perché aveva sulla testa un ciuffo di capelli lunghi e neri. Per fortuna era tranquillo e non piangeva. Mentre la mamma si trovava all'ospedale, io e papà eravamo a casa e aspettavamo una telefonata dall'ospedale. Papà era nervosissimo!!! Appena è arrivata la buona notizia mi ha chiamato, siamo usciti di casa di corsa e siamo andati a vedere la mamma e il nuovo arrivato. Per strada si è fermato a comprare un mazzo di fiori e una scatola di cioccolatini. Quando finalmente siamo arrivati all'ospedale abbiamo salito le scale di corsa e, per la confusione, papà è entrato nella stanza sbagliata, dove non si è accorto che la donna che stava nel letto non era la mamma. Le è andato vicino per baciarla, ma quando ha visto che la pancia era ancora grossa e che la donna era bionda e non castana, si è scusato ed è uscito dalla stanza. Io ho riso tanto, non smettevo più di ridere. La mamma si trovava nella stanza accanto e Giacomino era lì con lei, addormentato nella culla. Papà era tutto emozionato e la mamma sorrideva perché era contenta. La mamma mi ha abbracciato e mi ha detto: "Vai a vedere Giacomo come ti assomiglia!" Io allora ho guardato nella culla e ho visto un affare tutto rosso, grinzoso e anche peloso. Mi è preso un colpo: se quello mi assomigliava allora anche io ero proprio un mostro!!!

passato prossimo	imperfetto
è nato (nascere)	era (essere)

14.4 Passato prossimo o imperfetto

- Il passato prossimo e l'imperfetto sono due tempi che si usano in modo diverso per parlare di azioni passate:

- L'**imperfetto** si usa per raccontare un'esperienza abituale nel passato.
  Da bambino **andavo** in vacanza all'isola d'Elba.

- Il **passato prossimo** si usa per raccontare un'esperienza passata e finita che è avvenuta una o più volte, ma non in modo abituale.
  Ieri **ho studiato** fino alle 6.

- Molte volte il passato prossimo e l'imperfetto vengono usati insieme in una frase o in un testo.

passato prossimo passato prossimo	Imperfetto imperfetto	Imperfetto passato prossimo
Per raccontare azioni successive avvenute una dopo l'altra:	Per descrivere situazioni che si sono svolte in modo parallelo:	L'imperfetto rappresenta la situazione, lo sfondo, mentre il passato prossimo è l'azione, che si inserisce nello sfondo:
Ieri prima **ho stirato**, poi **ho guardato** un film in TV.	Mentre **stiravo**, **guardavo** la TV.	Mentre **stiravo**, **è suonato** il telefono.
---------------- + ---------------- ho stirato (azione 1) — ho guardato (azione 2)	stiravo guardavo la TV (situazioni parallele)	È suonato il telefono (azione) Stiravo (situazione)

Alcuni verbi cambiano significato quando sono usati al passato prossimo o all'imperfetto.

- **Dovere**, **potere** e **volere** (verbi servili):
  a) Quando sono usati all'**imperfetto** indicano un'incertezza (l'azione forse è accaduta e forse no).
  Dovevo studiare ma sono andata al cinema (e forse ho studiato o forse no).
  Mia sorella ha risparmiato per un anno perché **voleva** comprare un motorino (e forse lo ha comprato o forse no).
  Non **potevo** rispondere al telefono, ero sotto la doccia (e forse ho risposto o forse no).

  b) Quando sono usati al **passato prossimo** l'azione è accaduta sicuramente.
  Ieri **ho dovuto** studiare 3 capitoli di storia (e li ho studiati).
  Ieri non **ho voluto** allenarmi perché non stavo bene (e non ho lavorato).
  Non **siamo potuti** andare al cinema perché non ci bastavano i soldi (e non ci siamo andati).

- **Conoscere**:
  a) Quando è usato all'**imperfetto** significa "conoscere qualcuno da molto tempo";
  Conoscevi Lisa dalle elementari?

  b) Quando è usato al **passato prossimo** significa che mi hanno presentato qualcuno, che ho incontrato qualcuno per la prima volta.
  Ho conosciuto tuo fratello ieri.

- **Sapere**:
  a) Quando è usato all'**imperfetto** significa "conoscere la cosa da molto tempo".
  Lo **sapevi** che ho il video di Eminem?

b) Quando è usato al **passato prossimo** significa "conoscere una cosa per mezzo di qualcun altro".
Ho appena **saputo** che hai fatto due gol domenica!

Esercizi 14.4

1

Sottolinea il tempo verbale adeguato tra passato prossimo e imperfetto.

Un pappagallo è scappato di casa: **succedeva/è successo** cinque giorni fa a Milano. I proprietari, il signor Mario e sua moglie Rosa, sono disperati. Il signor Mario ci parla di lui : "Si chiama Ugo, è verde ma non so di che razza sia. Per noi è come un terzo figlio. **Era/sono stato** dei miei zii. Quando **morivano/sono morti** io e mia moglie **decidevamo/abbiamo deciso** di prenderlo: da quel momento **abitava/ha abitato** sempre con noi, per sette anni. Non **parlava/ha parlato** molto: **sapeva/ha saputo** ripetere solo due parole: Ugo, il suo nome appunto, e Rosa, il nome di mia moglie. Di solito in casa lo **lasciavamo/abbiamo lasciato** libero. Giovedì scorso, per un colpo d'aria, la finestra **si apriva/si è aperta** e lui **volare/è volato** via. Era impossibile non volergli bene: **si metteva/si è messo** sulla mia spalla e **mi dava/mi ha dato** i bacini."
Mario e Rosa sono decisi a ritrovare il loro pappagallo. Così **preparavano/hanno preparato** un cartello: "Lauta mancia a chi trova pappagallo", **facevano/hanno fatto** 200 fotocopie e le **mettevano/hanno messe** in tutta la zona. Finalmente, sabato **ricevevano/hanno ricevuto** qualche telefonata: due persone lo **vedevano/hanno visto** sopra l'autolavaggio di Viale Crispi e in Via Varese. Quindi deve essere ancora in zona: allora basta andare lì e urlare: "Ugoooooo…."

(adattato da Corriere della Sera)

2

Passato prossimo o imperfetto? Sottolinea la formma corretta del verbo.

1. **Sapevo / Ho saputo** proprio ora che Anna ha telefonato.
2. Nessuno **ha invitato / invitava** Franco alla festa di Carnevale, così è rimasto da solo a casa.
3. A quei tempi Sonia non **ha conosciuto / conosceva** ancora Maria.
4. Sergio è triste perché **sapeva / ha saputo** che non ha passato l'esame
5. Non **dovevi / hai dovuto** lasciare la porta aperta! Ora il gatto è scappato.
6. Da bambina non **ho potuto / potevo** uscire da sola.
7. Mi dispiace, ma ho avuto così tanto da fare che non ti **sono venuto / venivo** a trovare!
8. I miei genitori **conoscevano / hanno conosciuto** Pino a una festa di Carnevale.
9. **Volevo/ Ho voluto** telefonarti ma non avevo carica nel cellulare.
10. Per punizione oggi **dovevo/ ho dovuto** restare tutto il giorno in casa.

3

Passato prossimo o imperfetto? Metti i verbi al tempo giusto e indovina il nome della statua descritta. Fatti aiutare dai tuoi compagni. Se non conosci il nome svolgi l'esercizio 4.

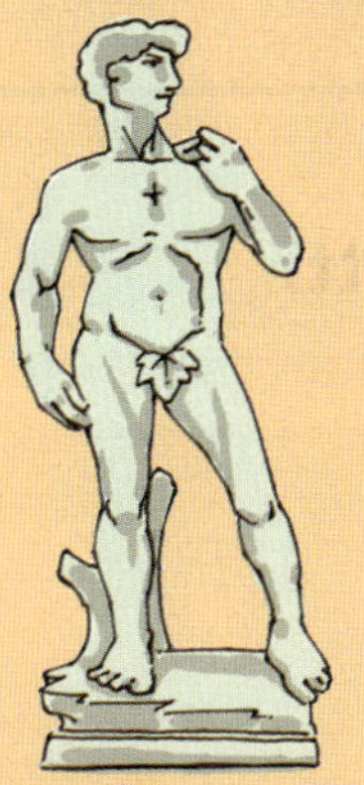

Fino al 1783 (essere) __________ in Piazza della Signoria, a Firenze, dove ora c'è una copia.
Quando Michelangelo lo (scolpire) __________ (volere) __________ rappresentare l'uomo che si ribella alla violenza dei potenti. Per questo (pensare) __________ di rappresentare questo eroe della Bibbia, che con una fionda (sconfiggere) __________ il gigante Golia.
Sai che statua è? __________________________

4

Se non conosci il nome di questa statua, scegli le frasi corrette. Le lettere che corrispondono alle frasi corrette ti daranno la risposta.

1. Sapevo appena ora della partenza di Mario.	P
2. Ho saputo appena ora della partenza di Mario.	D
3. Mentre dormivo sono entrati i ladri.	A
4. Mentre ho dormito sono entrati i ladri.	A
5. Ho studiato inglese per 5 anni.	V
6. Studiavo inglese per 5 anni.	D
7. Paola conosceva la sua migliore amica su Internet.	O
8. Paola ha conosciuto la sua migliore amica su Internet.	I
9. Oggi volevo andare in centro, ma non ho fatto in tempo.	D
10. Oggi ho voluto andare in centro, ma non ho fatto in tempo.	V

La statua è il __ __ __ __ __

Unità di Apprendimento 15

I pronomi doppi

15.1 I pronomi indiretti con i pronomi diretti

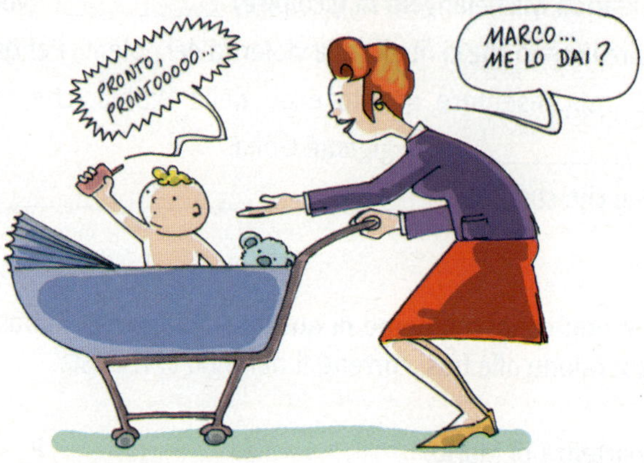

- Quando un pronome indiretto e un pronome diretto si trovano nella stessa frase, si uniscono e formano un **pronome doppio**.
  Belli questi fiori, chi **te li** ha regalati? (**ti + li**)

- Quando formano un pronome doppio, i pronomi indiretti **mi**, **ti**, **ci**, **vi** cambiano la vocale: -**i** > -**e**.
  "Chi ti ha prestato il motorino?" "**Me lo** ha prestato Claudio." (**mi + lo**)
  "Mi dai i guanti?" "Sì, **te li** do subito." (**ti + li**)
  "Chi vi ha comprato i pattini?" "**Ce li** ha comprati nostro padre." (**ci + li**)
  Ve li hanno dati i biglietti per il teatro? (**vi + li**)

- I pronomi doppi di **3ª persona** (singolare e plurale) sono: **glielo/gliela/glieli/gliele.**
  "Chi ha detto a mamma del vaso rotto? "**Gliel'**ho detto io." (**le + l'**)
  "Chi ha preso il giocattolo a Angelo?" "**Gliel'**ha preso la sorella." (**gli + l'**)
  Signora, è questa la Sua valigia? Vuole che **Gliela** porti su in camera? (**Le + la**)
  "Hai detto ai tuoi che domani è sciopero?" "No, **glielo** dico dopo." (**gli + lo**)

- Con i verbi modali o fraseologici (**potere**, **volere**, **dovere**, **sapere**, **cominciare a, stare per**, **stare + gerundio, finire di**) + l'infinito, il pronome doppio può andare prima del verbo o dopo l'infinito.
  La macchina fotografica è rotta, non **te la** posso dare.
  La macchina fotografica è rotta, non posso dar**tela**.

I pronomi doppi

pronomi indiretti		pronomi diretti		pronomi doppi
mi				me lo/me la/me li/me le
ti				te lo/te la/te li/te le
gli le	+	lo/la/li/le	=	glielo/gliela/glieli/gliele
ci				ce lo/ce la/ce li/ce le
vi				ve lo/ve la/ve li/ve le
gli				glielo/gliela/glieli/gliele

Esercizi 15.1

1

Sottolinea i pronomi doppi nelle frasi.

1. Hai visto quel quadro? L'ha fatto mio cugino. Me lo ha regalato per il mio compleanno.
2. Mmmm… quanti biscotti! Sono tutti per Pietro? Davvero vuoi portarglieli tutti?
3. Non preoccupatevi. Le biciclette ve le guardo io mentre siete nel negozio.
4. Credi a me! Gianni è il cugino di Isa. Te lo dico io!
5. Certo che sappiamo che nonno ha fatto la guerra! Ce lo ripete ogni giorno!
6. Se avete bisogno di CD per la festa, ve li porto io!
7. Veronica vuole una bici per Natale, mi piacerebbe comprargliela ma non ho i soldi.
8. Me li hai dati quei numeri di telefono? Non mi ricordo.
9. No, Piero non sa ancora che è bocciato. Non ho avuto il coraggio di dirglielo

2

Sottolinea il pronome corretto.

♦ Ciao Serena dove vai?

♣ Devo comprare un regalo per la festa di Manuel e Chiara. Tu **te lo/glielo** hai già comprato?

♦ Sì, **glielo/ce lo** ho preso ieri. Dove **glielo/ te lo** compri?

♣ Non lo so ancora, non so nemmeno cosa prendere…Esther gli ha preso due libri, **me li/ce lo** ha fatti vedere…e tu cosa hai preso?

♦ A lei un ombretto e a Manuel un CD. Quando mi hanno detto della festa, **Ve l'/gliel'**ho chiesto subito, per non sbagliare!

♣ Mmmm….lo invece non ho proprio idea….Oggi esco con Sabina così decidiamo assieme. Sai, non abbiamo tanti soldi e un regalo costoso non **glielo / te lo** possiamo comprare!!!

♦ Allora perché non andate in quel negozio che ha gli sconti in via Cavour? Fino a ieri aveva delle sciarpe carine a pochissimo: le trovate ancora di sicuro Anche io **me la/ glielo** voglio proprio prendere, una bella sciarpa!.

♣ Grazie dell'informazione! Andiamo di sicuro a dare un'occhiata. Se le trovo **te lo/ce lo** dico. Ciao, a dopo!

3

Trasforma le frasi usando un pronome doppio, come nell'esempio.

ESEMPIO: Luca ha aperto la porta a Lucia. → (a Lucia = **le** + la porta = **la** → **le** + **la** = **gliela**) Luca **gliela** ha aperta.

1. Il professore ha prestato l'antologia al ragazzo. → ____________________
2. Il barbiere mi ha tagliato i capelli. → ____________________
3. A Ferragosto ci hanno tirato i secchi di acqua. → ____________________
4. Hanno raccontato subito tutta la storia ai custodi. → ____________________
5. Le ragazze hanno detto a Piera che Aldo la ama. → ____________________
6. Ti hanno mai raccontato la storia di Roma? → ____________________
7. Vi hanno portato i mobili? → ____________________
8. I ragazzi mi hanno rotto il vetro con una pallonata. → ____________________
9. Ci hanno rotto i timpani tutto il giorno con quella musica a tutto volume! → ____________________

4

Completa le frasi con i verbi indicati e con i pronomi doppi, come nell'esempio.

ESEMPIO: Nonna, devo andare alla posta, la lettera (spedire) **te la spedisco io.**

1. Se non hanno ancora trovato una baby sitter, nel pomeriggio i bambini (guardare) ____________________
2. Voglio fare la scuola per parrucchiere. Se vuoi, i capelli (tagliare) ____________________
3. Se non sapete come arrivare, la strada (spiegare) ____________________
4. Signor Bianchi, devo andare al supermercato. Se vuole il latte (comprare) ____________________
5. Quando vado al bar con Simone succede sempre che il gelato (pagare) ____________________
6. Se hai fame e non hai tempo, un piatto di pasta (cucinare) ____________________
7. Non avete soldi per il biglietto? Non vi preoccupate, (perstare) ____________________
8. Se non hai niente da metterti per la festa di Elsa, un vestito (prestare) ____________________
9. (in albergo) Signora, la valigia (portare) ____________________

5

Trova i 4 errori nell'uso dei pronomi doppi.

Che bel rientro a scuola! Questa mattina sono tornato a scuola dopo l'influenza e ho scoperto che c'era il compito in classe di tecnica alla prima ora. Vuoi sapere cosa è successo? Te lo spiego subito.
Primo: dovevo portare i fogli per disegnare ma non ce li avevo perché non lo sapevo.
Secondo: nessuno dei ragazzi ha portato le squadre perché la prof. non gliel'ha dette.
Terzo: la prof. si è arrabbiata perché l'aula di disegno era occupata e i custodi non gliel'hanno prenotato. In più, in classe c'era un freddo cane perché era rotta la finestra. Il bidello ha chiamato il tecnico ma sono sicuro che non ve l'hanno ancora riparata.
Quarto: la prof. si è infuriata perché mancavano molti ragazzi. Era per lo sciopero degli autobus ma nessuno gliele ha detto, non abbiamo avuto il coraggio! Allora ha deciso di interrogare a tappeto sull'ultimo argomento studiato ma nessuno se lo ricordava: ha messo insufficiente a tutti e in più ha dato una nota di classe… ma non ce la meritavamo! E questa è solo la prima ora. Alla seconda…

15.2 I pronomi riflessivi con i pronomi diretti

- Quando un pronome riflessivo e un pronome diretto si trovano nella stessa frase, si uniscono e formano un **pronome doppio**. In questo caso la **-i** del pronome riflessivo diventa una **-e**.
  Ho deciso. Voglio il motorino! **Me lo** compro di sicuro!
  Mi chiamo Sania. **Te lo** sei dimenticato?
  Paola è convinta di essere una grande ballerina, **se lo** ripete ogni giorno.
  A me e mia sorella piace cambiare stile di capelli. **Ce li** tagliamo spesso.
  Ve la ricordate la parola chiave per il computer?
  Gli atleti devono tenere d'occhio il cuore, infatti **se lo** controllano regolarmente.

pronomi riflessivi		pronomi diretti		pronomi doppi
mi				me lo/me la/me li/me le
ti				te lo/te la/te li/te le
si	+	lo/la/li/le	=	glielo/gliela/glieli/gliele
ci				ce lo/ce la/ce li/ce le
vi				ve lo/ve la/ve li/ve le
gli				se lo/se la/se li/se le

Esercizi 15.2

1 Sottolinea i pronomi doppi corretti.

Smemorina, la mia compagna di banco è una ragazza tanto simpatica ma con una pessima memoria e molto disordinata. Ieri si è alzata e si è preparata per venire a scuola ma è uscita di casa senza scarpe, **se le/gliele** è dimenticate! È arrivata in classe in pantofole e **ce li/se le** è tenute per tutto il giorno, ma nessuno ha detto niente perché ormai tutti la conosciamo. Anche io ho imparato come comportarmi con lei: ho sempre con me fogli e penne in più perché Smemorina **me li/se li** dimentica quasi sempre a casa, nei lavori di gruppo le ricerche fatte le tengo sempre io: se le do da portare a lei, sono sicura che non **se le/se li** ricorda. Quando giochiamo a pallavolo in squadra assieme le palle **me le/me lo** prendo da sola perché lei di solito si distrae dal gioco e **se la/se lo** dimentica… Lo so, è un disastro, ma è davvero divertente…

2

Riscrivi le frasi con i pronomi, come nell'esempio.

ESEMPIO: Mi dimentico sempre la luce accesa. → **Me la** dimentico sempre accesa.

1. Lucia si trucca sempre gli occhi di blu. ______
2. Nel pomeriggio ci guardiamo tutti i cartoni alla tele. ______
3. Piero si mette sempre la giacca di jeans. ______
4. Io mi riempio sempre i capelli di gel. ______
5. Mi sono fatto l'abbonamento a nuoto. ______
6. Mi porto sempre la merenda da casa, così non la devo comprare al bar. ______
7. Perché non ti metti gli occhiali? Vedresti meglio. ______
8. I miei cugini si comprano sempre vestiti firmati direttamente in un grande magazzino. ______
9. Ti lavi i denti prima di andare a letto? ______

3

Fabio è un tipo precisissimo e studioso ma suo fratello Gino è esattamente l'opposto. Scrivi quello che Gino risponde a Fabio, usando i pronomi riflessivi e i pronomi diretti, come nell'esempio.

Fabio

1. Io mi rifaccio sempre il letto dopo che mi sono alzato.
2. Io mi lavo sempre la faccia prima della colazione.
3. Io mi metto sempre un po' di gel sui capelli prima di uscire di casa.
4. Io mi ricontrollo sempre lo zaino prima di andare a scuola.
5. Io mi compro sempre la merenda prima di arrivare a scuola.
6. Io mi preparo sempre le interrogazioni.
7. Io mi ricordo sempre di fare i compiti.
8. Io mi preparo sempre la borsa da ginnastica con la tuta pulita.
9. Io mi ripasso sempre quello che ho studiato prima di dormire.

Gino

1. Io no, non *me lo rifaccio mai.*
2. Io no, non ______
3. Io no, non ______
4. Io no, non ______
5. Io no, non ______
6. Io no, non ______
7. Io no, non ______
8. Io no, non ______

Unità di Apprendimento 16
Il condizionale

16.1 Che cos'è il condizionale

- Il condizionale è un **modo** dei verbi. Può essere semplice (presente) o composto (passato).

condizionale semplice - verbi regolari			
	am-**are**	prend-**ere**	apr-**ire**
io	am-**erei**	prend-**erei**	apr-**irei**
tu	am-**eresti**	prend-**eresti**	apr-**iresti**
lui/lei/Lei	am-**erebbe**	prend-**erebbe**	apr-**irebbe**
noi	am-**eremmo**	prend-**eremmo**	apr-**iremmo**
voi	am-**ereste**	prend-**ereste**	apr-**ireste**
loro	am-**erebbero**	prend-**erebbero**	apr-**irebbero**

Esercizi 16.1

1 Sottolinea nelle frasi il verbo al condizionale semplice, poi indovina chi esprime ogni desiderio, come nell'esempio.

a. **bambino**
b. cane
c. gatto
d. manager
e. ragazzo in costume
f. studente

☐ vorrei un osso grandissimo!; ☐ ci vorrebbe un bel sole; ☐ vorrei concludere quell'affare; ☐ quanto pagherei per passare l'esame!; a mangerei **un gelato enorme!**; ☐ mmm… quanto mi piacerebbe un bel topo succoso.

16.2 Il condizionale semplice

- Il condizionale semplice si usa per:

a) esprimere un desiderio;
Mi **piacerebbe** avere la Play Station.

b) esprimersi con cortesia;
Scusi, **chiuderebbe** la porta per favore?

c) dare consigli;
Al posto tuo **prenderei** il maglione di lana.

d) riportare un'informazione non sicura al 100%.
In seconda A ci **sarebbero** addirittura 3 bocciati!

- Le forme del condizionale semplice dei verbi in -**are** sono uguali a quelle dei verbi in –**ere**.
Signor Bini, **comprerebbe** un cane? (comprare verbo in are)
Manuel **spenderebbe** tutti i suoi soldi per comprare CD. (spendere verbo in ere)

- Il condizionale semplice del verbo **essere** è irregolare.
Sarebbe così gentile da aiutarmi a scendere?

- Alcuni verbi hanno un condizionale contratto: volere (**vorrei**), potere (**potrei**), dovere (**dovrei**), sapere (**saprei**), andare (andrei), ecc.
Vorrei tanto quel motorino!
Scusa, **potresti** abbassare il volume?
Dovrebbe imparare a ballare.

condizionale semplice - verbi irregolari		
	essere	avere
io	**sarei**	**avrei**
tu	**saresti**	**avresti**
lui/lei/Lei	**sarebbe**	**avrebbe**
noi	**saremmo**	**avremmo**
voi	**sareste**	**avreste**
loro	**sarebbero**	**avrebbero**

altri verbi irregolari			
verbo	condizionale	verbo	condizionale
andare	io **andrei**	rimanere	io **rimarrei**
bere	io **berrei**	sapere	io **saprei**
cadere	io **cadrei**	stare	io **starei**
dare	io **darei**	tenere	io **terrei**
dire	io **direi**	vedere	io **vedrei**
dovere	io **dovrei**	venire	io **verrei**
fare	io **farei**	vivere	io **vivrei**
potere	io **potrei**	volere	io **vorrei**

Esercizi 16.2

1

Sottolinea la forma corretta del condizionale.

a) In un negozio

◆ Buongiorno, desidera?

♣ Buongiorno. **Vorrei/Vorresti/Vorrebbe** vedere quella gonna blu in vetrina.

◆ Che taglia porta?

♣ La 40 o la 42 dipende dal modello. **Potresti/Potrei/Potrebbe** provarle entrambe?

◆ Certo. Ecco. Il camerino è lì dietro.

b) Sul bus in gita scolastica

◆ Scusa, ti **dispiacerei/dispiacerebbe/dispiaceresti** chiudere l'aria condizionata? Fa freddo….

♣ Guarda Simo, che l'aria viene addosso a me e io ho caldo!

◆ Ma io mi sto congelando!

♣ Forse **farebbero/faresti/farebbe** bene a metterti una maglia più pesante tu invece che far soffrire il caldo a tutti noi! Hai una camicetta leggera leggera!

◆ **Sarei/sarebbe/saremmo** proprio curiosa di sapere cosa ne pensa Elisa. Guardala: si è messa addosso la giacca e sta battendo i denti anche lei!

♣ Uffa, che scocciatrice. Non li sopporto i freddolosi! Mettiamolo ai voti e facciamo decidere alla maggioranza.

2

Metti i verbi al condizionale semplice.

Quanto (io/volere) __________ vincere alla lotteria! So già cosa (fare) __________ con i soldi. Prima di tutto (organizzare) __________ una festa galattica per tutti gli amici in una mega discoteca. Il ricevimento (essere) __________ bellissimo, con tantissime cose da mangiare e da bere. Dentro la discoteca ci (essere) __________ almeno tre sale con tre diversi d.j. per la musica. La festa (potere) __________ continuare per tutta la notte e anche il giorno dopo. Poi, con calma, mi (mettere) __________ a pensare a come usare i soldi. (io/Andare) __________ nei negozi più alla moda e mi (io/comprare) __________ tantissimi vestiti: giacche di tutti i colori, maglioni, maglie, magliette, pantaloni…tutto! Sicuramente (comprare) __________ un motorino nuovo e una Ferrari per quando avrò 18 anni. Poi (comprare) __________ una casa con giardino, anzi un castello e (regalare) __________ un po' di soldi ai miei genitori e a mio fratello (a lui pochi perché mi prende sempre in giro).
Ah! Stavo per dimenticare i viaggi! Naturalmente mi (piacere) __________ fare dei bei viaggi, almeno uno all'anno, per periodi di minimo un mese! America, Africa, le Maldive…
Ma forse, invece di perdere tempo a sognare, (fare) __________ bene a studiare per l'interrogazione di geografia, altrimenti mi becco un altro insufficiente!

3

Completa le frasi con il condizionale semplice e poi scegli il numero che corrisponde alla tua opinione:

1 Sì, assolutamente. **2 Sì, sono abbastanza d'accordo** **3 Dipende**
4 No, non sono completamente d'accordo **5 No, assolutamente**

a) I ragazzi (dovere) _______________ seguire sempre le nuove tendenze. 1 2 3 4 5
b) Ognuno (dovere) _______________ trovare un look personale. 1 2 3 4 5
c) Ragazzi e ragazze (dovere) _______________ essere vestiti in maniera sportiva. 1 2 3 4 5
d) La maggior parte dei ragazzi (volere) _______________ vestirsi solo con abiti firmati. 1 2 3 4 5
e) Non si (dovere) _______________ mai cambiare il colore dei capelli. 1 2 3 4 5
f) (Essere) _______________ importante riuscire a vestirsi come il proprio cantante preferito (o la propria cantante preferita). 1 2 3 4 5
g) I ragazzi non (dovere) _______________ dare troppa importanza al proprio aspetto se vogliono conquistare le ragazze. 1 2 3 4 5
h) In discoteca si deve andare solo eleganti. 1 2 3 4 5
i) I tatuaggi oramai sono fuori moda. 1 2 3 4 5
l) Anche nella stessa compagnia, (essere) _______________ una buona idea avere tutti uno stile diverso. 1 2 3 4 5
m) I ragazzi minorenni non (dovere) _______________ farsi i piercing. 1 2 3 4 5

4

Metti i verbi al condizionale semplice e poi cerca la risposta corrispondente ad ogni frase.

a. Vi (piacere) ____________ venire in centro con noi?
b. Non mi sento molto in forma ultimamente…
c. Che ne (voi/dire) ____________ di una giornata al mare?
d. (tu/Dovere) ____________ studiare di più!
e. Che è successo al computer?
f. Dove possiamo trovare quel libro?
g. (Lei/Potere) ____________ chiudere la finestra per favore?
h. Oddio! Che mal di denti!

[a] Perché no? Quando andate?
[ ] Andiamoci domenica!
[ ] Ma se studio tutto il giorno, prof.!
[ ] (tu/Dovere) ____________ prendere un appuntamento dal dentista.
[ ] Certo, la chiudo subito.
[ ] Non capisco. (Sembrare) ____________ rotto.
[ ] (voi/Dovere) ____________ provare alla biblioteca del quartiere.
[ ] (tu/Potere) ____________ fare un po' di sport: perché non vieni in palestra con noi?

5

Scegli dalla lista i consigli giusti per queste persone. Inizia la frase con: Io, al posto tuo… e usa il condizionale, come nell'esempio.

ESEMPIO: Sono stressato! Io al posto tuo, prenderei tutto con più calma.

togliere il maglione - indossare una sciarpa - prendere la giacca a vento per uscire - mettere i guanti - indossare la minigonna con gli stivali nuovi - mettere il pigiama e andare a letto - usare il cappuccio della giacca a vento - farsi la doccia e cambiarsi i vestiti - prendere tutto con più calma - comprare un costume intero

1. Mi sa che fuori fa un gran freddo! Io al posto tuo, ______________________
2. Ho le mani congelate! Io al posto tuo, ______________________
3. Ho mal di gola… Io al posto tuo, ______________________
4. Che caldo!!! Io al posto tuo, ______________________
5. Piove e non ho l'ombrello… Io al posto tuo, ______________________
6. Voglio comprare un due pezzi per il corso di nuoto. Io al posto tuo, ______________________
7. Sono tutto sudato per la corsa! Io al posto tuo, ______________________
8. Vado in discoteca. Vado bene vestita così? Io al posto tuo, ______________________
9. Ho sonno. Io al posto tuo, ______________________

6

Sottolinea la forma corretta dei verbi.

Paola e Giovanna si incontrano alla fermata dell'autobus.

Paola - Ciao Giovanna! Ma quanto tempo che non ci vediamo! Anche tu aspetti il 6?

Giovanna – Sì, **vado/andrei** in centro a guardare un po' di vetrine: mi **piace/piacerebbe** comprare una giacca nuova ma per ora non ne ho trovata nessuna di mio gusto…

Paola - Io ne ho vista una stupenda da M&S, sai, quel negozio all'angolo di via Roma…la **vorrei/voglio** comprare ma purtroppo non ho abbastanza soldi: è troppo costosa…

Giovanna - Io al posto tuo, **vado/andrei** a vedere da Rose's: so che hanno gli sconti! Voglio andarci anche io per vedere se trovo una gonna e dei pantaloni…lì hanno cose proprio carine. Linda ha comprato una camicetta davvero forte!

Paola - Non sai quanto mi **piace/piacerebbe** sapermi vestire come Linda! È sempre …perfetta! Il problema con i vestiti è che se vado a comprarli con mia mamma, alla fine mi convince a prendere cose orribili, se vado da sola, non so scegliere e sbaglio le taglie e i colori!

Giovanna - Perché allora non andiamo assieme una volta? Mi **farebbe/fa** piacere … sono sicura che tu mi **daresti/dai** degli ottimi consigli…

Paola – E Linda? Che dici? Secondo te **sarebbe/è** così carina da venire con noi per aiutarci a scegliere i vestiti più alla moda? Perché non glielo **chiediamo/chiederemmo**?

Giovanna - Mmh, buona idea…però la chiami tu. Io lo **faccio/farei** pure, ma lo sai che mi vergogno a chiamarla!

Paola - **Facciamo/Faremmo** così: stasera le **telefono/telefonerei** e glielo chiedo. **Potrebbe/Può** diventare la nostra consulente per il look!

16.3 Il condizionale composto

- Il condizionale composto si usa per:
  a) esprimere una situazione non realizzata o irrealizzabile.
  Quanto mi **sarebbe piaciuto** fare quel viaggio!
  Avrei voluto comprare un casco nuovo, ma non avevo i soldi.
  b) dare un'informazione su un avvenimento passato non sicuro al 100%.
  L'imputato **avrebbe ammesso** la colpa.
  c) esprimere un'azione che rappresenta un futuro nel passato, cioè una seconda azione nel passato successiva ad una prima azione nel passato.
  Sapevo che **avresti telefonato** per scusarti.
  (**sapevo**: 1ª azione nel passato; **avresti telefonato**: 2ª azione nel passato o futuro nel passato).
  Loro credevano che **saresti venuto** con il motorino
  (**credevano**: 1ª azione nel passato; **saresti venuto**: 2ª azione nel passato o futuro nel passato).
- Il condizionale composto si forma con il **condizionale** di **avere** o **essere** più il **participio passato** del verbo.
  Ti **avrei telefonato** ma non avevo il tuo numero.
  Diceva sempre che **sarebbe andato** a vivere in America.

Completa tu la tabella dei verbi.

condizionale composto (condizionale semplice di avere o essere + participio passato)		
io	**avrei parlato**	
tu		**saresti andato/a**
lui/lei/Lei	**avrebbe parlato**	
noi	**avremmo parlato**	**saremmo andati**
voi		**sareste andati**
loro	**avrebbero parlato**	

Esercizi 16.3

1

Metti i verbi al condizionale composto e indovina chi è il personaggio di cui parliamo. Se non conosci il suo nome svolgi l'esercizio 3.

Tutti lo conoscono: piccolo, rissoso, brontolone, ma sempre pronto a scherzare e divertirsi. Secondo lui, tutti i villaggi dei Galli (dovere) _______________ ribellarsi ai Romani, e così (stare) ___________ in pace e libertà. Ma come (potere) ______________ fare i Galli a sconfiggere il forte esercito di Giulio Cesare? Secondo lui, con l'aiuto della famosa pozione magica e dell'amico Obelix, i Galli (vincere) ___________ senz'altro! E infatti nei fumetti, nonostante le sue piccole dimensioni, grazie all'intelligenza e alla pozione del vecchio Panoramix, riesce sempre a cavarsela in ogni situazione e tutte le avventure finiscono bene.

Sai come si chiama? ______________________

2

Sottolinea i verbi al condizionale composto, poi unisci le frasi fra loro, come nell'esempio.

ESEMPIO: Ti avrei voluto telefonare → ma non avevo il tuo numero.

a. Sarei venuta volentieri alla tua festa di compleanno,
b. Ti avrei voluto telefonare,
c. Sandro avrebbe dovuto portare anche le aranciate,
d. I miei avrebbero voluto che suonassi il pianoforte,
e. Anna sarebbe stata felice di darti una mano per la ricerca,
f. Saremmo voluti andare al concerto,
g. Mio fratello avrebbe voluto farmi uno scherzo per il 1° d'Aprile,
h. Mi sarei voluta fare i capelli biondi,
i. Avrei voluto mascherarmi per Carnevale,

- [ ] ma non ho trovato una maschera che mi piaceva.
- [ ] ma io non ci sono cascato.
- [ ] ma non sapeva che avevi bisogno di aiuto.
- [ ] ma non avevo il tuo numero.
- [a] **ma un mio amico mi aveva già invitata al cinema.**
- [ ] ma il parrucchiere me lo ha sconsigliato.
- [ ] ma io preferisco la chitarra.
- [ ] ma non c'erano più biglietti.
- [ ] ma invece ha portato solo le patatine.

3

Se non sai come si chiama il personaggio dell'esercizio 1 leggi le frasi. Trova quelle corrette, le lettere abbinate alle frasi corrette formano il suo nome.

1. Anna diceva sempre che non si metterebbe mai la gonna, invece l'ho vista con una mini proprio ieri! (P)
2. I ragazzi avrebbero dovuto telefonare alle 4.00 invece non si sono sentiti. (A)
3. Mia madre credeva che sarei diventata una grande pianista. (S)
4. Secondo l'insegnante di ginnastica la nostra squadra avrebbe vinto la staffetta. (T)
5. Lo sapevo che passeresti l'esame! (P)
6. Tornerei prima, ma il traffico era tremendo! (R)
7. Ultime notizie: il disastro aereo sarebbe successo a causa di un guasto ai motori. (E)
8. Peccato che non sono potuta venire alla festa, mi piacerebbe tanto! (A)
9. Ma non avevi detto che saresti venuto all'uscita di scuola? (R)
10. Diceva che mi avrebbe amato per sempre, invece si è messo con la Giusy! (I)
11. Lo dicevo io che ci sarebbe uno sciopero dei prof.! (X)
12. Credevamo che chiuderebbero la palestra. (O)
13. Un pic-nic sarebbe stato una ottima idea! Peccato che non ci abbiamo pensato! (X)

Il personaggio è ______________________

4

Ora riscrivi sul quaderno, in forma corretta, le frasi sbagliate (1, 5, 6, 8, 11, 12).

5

Sottolinea il verbo corretto.

Sono qui in casa, da sola, e aspetto Fabio. Lo **aspetto/aspetterei** ormai da 2 ore e non capisco cosa **è successo/sarebbe successo**. Ieri mi **ha telefonato/avrebbe telefonato** e mi ha detto che **passerebbe/sarebbe passato** a prendermi alle 2.00 del pomeriggio per andare a fare un giro. Invece non è ancora arrivato. Uffa! Sono le 4.00 e non ho più voglia di aspettare, ho voglia di uscire. Perché non mi ha avvertito? Stamattina **ho telefonato/avrei telefonato** a qualcuno per andare al cinema, magari a Giulia e Esther e non **sono stata/sarei stata** tre ore a stirarmi i capelli e a scegliere i vestiti giusti: ho provato gonne, pantaloni, magliette, cinture, maglioni, giacche, collane e orecchini! Insomma non **avrei fatto/ho fatto** nemmeno arrabbiare mia mamma!
Che faccio? Basta, ho deciso: telefono ora alle ragazze così le posso raggiungere da qualche parte. Peccato però! **Ho voluto/Sarei voluta** tanto uscire con lui: non mi va proprio giù questo bidone!

6

Un articolo scritto alla fine dell'anno 2000 ci dice cosa sparirà nel futuro. Adesso immagina di essere nel futuro, nel 2100, trovi l'articolo e lo riassumi per un giornale della tua epoca. Riscrivi solo le frasi sottolineate, usando il condizionale composto, come nell'esempio.

Con l'aiuto della ricerca genetica il cancro sarà sconfitto. Inoltre grazie ai computer e alla tecnologia digitale andranno in pensione tante macchine e i fili che ingombrano case e uffici. Tutto questo sarà molto positivo, purtroppo però, se non facciamo attenzione, anche molte specie viventi, animali e piante scompariranno. In Europa la società sarà più ricca e tutti lavoreremo di meno. Però il mondo sarà diviso in due: infatti i paesi più ricchi saranno sempre più ricchi, e quelli poveri produrranno le materie per il consumo dei paesi ricchi, con fabbriche altamente inquinanti, e quindi diventeranno sempre più poveri e sfruttati. Insomma, se non si prenderanno provvedimenti, alcuni degli aspetti del futuro sono veramente preoccupanti.

(adattato da "Il Venerdì di Repubblica")

Cento anni fa scrivevano che:

a. con l'aiuto della ricerca genetica il cancro *sarebbe stato* sconfitto.
b. grazie ai computer e alla tecnologia digitale ______________________
c. molte specie viventi, animali e piante ______________________
d. la società ______________________ e tutti ______________________
e. il mondo ______________________
f. i paesi più ricchi ______________________
g. quelli poveri ______________________
h. quindi ______________________

Il condizionale

Unità di Apprendimento 17

Il futuro

17.1 Il futuro semplice

- Il futuro semplice si usa per:

a) indicare un'azione che avviene in un tempo futuro rispetto a quello in cui parliamo.
Tra cento anni l'uomo **mangerà** solo pillole.
Dicono che il fine-settimana **pioverà**.
Federica **partirà** per New York alle 6.

b) esprimere una supposizione.
Che ora è? Mah, non ho l'orologio, **saranno** più o meno le 2.00.

c) indicare un'incertezza.
Che **starà** facendo Paolo in questo momento?

d) esprimere un dubbio o un dissenso.
Sarà anche un bel ragazzo, ma è stupido come una capra!

- Le forme del futuro dei verbi in -**are** sono uguali a quelle dei verbi in -**ere.**
La settimana prossima parl**erò** (verbo parlare) con Marta, ma prima le scriv**erò** (verbo scrivere) una lettera.

- I verbi in **-care** e **–gare** prendono una "**h**" nelle forme del futuro.
Domani in pizzeria **cercherò** (verbo cercare) di pagare io, ma sicuramente finisce che **pagheranno** (verbo pagare) i miei amici.

- Di solito i verbi con futuro irregolare hanno lo stesso tipo di irregolarità anche nel condizionale semplice.
futuro: Sabato non **verrò** al cinema con voi, preferisco studiare.
condizionale: **Verrei** volentieri al cinema con voi, ma devo studiare.

futuro semplice - verbi regolari			
	am-**are**	prend-**ere**	apr-**ire**
io	am-**erò**	prend-**erò**	apr-**irò**
tu	am-**erai**	prend-**erai**	apr-**irai**
lui/lei/Lei	am-**erà**	prend-**erà**	apr-**irà**
noi	am-**eremo**	prend-**eremo**	apr-**iremo**
voi	am-**erete**	prend-**erete**	apr-**irete**
loro	am-**eranno**	prend-**eranno**	apr-**iranno**

furuto semplice - verbi irregolari		
	essere	avere
io	**sarò**	**avrò**
tu	**sarai**	**avrai**
lui/lei/Lei	**sarà**	**avrà**
noi	**saremo**	**avremo**
voi	**sarete**	**avrete**
loro	**saranno**	**avranno**

altri verbi irregolari			
verbo	futuro	verbo	futuro
andare	io **andrò**	rimanere	io **rimarrò**
avere	io **avrò**	sapere	io **saprò**
bere	io **berrò**	stare	io **starò**
cadere	io **cadrò**	tenere	io **terrò**
dare	io **darò**	vedere	io **vedrò**
dire	io **dirò**	venire	io **verrò**
dovere	io **dovrò**	vivere	io **vivrò**
fare	io **farò**	volere	io **vorrò**
porre	io **porrò**	pagare	io **pagherò**
potere	io **potrò**	cercare	io **cercherò**
ridurre	io **ridurrò**	salire	io **salirò**

Esercizi 17.1

1

Completa la coniugazione del futuro.

	essere	potere	vivere	venire	fare
io				verrò	
tu		potrai			
lui/lei/Lei					farà
noi	saremo				
voi			vivrete		
loro					

	avere	andare	volere	rimanere	stare
io				rimarrò	
tu	avrai				
lui/lei/Lei		andrà			
noi			vorremmo		
voi					
loro					staranno

2

Sottolinea i verbi al futuro, poi collega le frasi di sinistra con quelle di destra, come nell'esempio.

a. **Chissà a che ora arriverà Michael.**
b. Dove saranno le scarpe? Non le trovo.
c. Lo sai che Anna ha conosciuto Brad Pitt?
d. Cosa starà facendo Gina?
e. Che ora è?
f. Pioverà o no, che pensi?
g. Avranno fame quando arrivano?
h. Dove è il cane?
i. Perché Ahmed non viene alla festa?
l. Almeno poteva telefonare e dire che arrivava in ritardo!

☐ Non avrà il tuo numero!
☐ Sarà fuori in giardino a sotterrare un osso, come al solito.
☐ Non ho l'orologio, ma saranno le 5.30.
☐ Saranno in camera con gli stivali.
a **Arriverà tardi come al solito.**
☐ Dovrà studiare, forse.
☐ Sarà, ma non ci credo.
☐ Starà dormendo, era così stanca.
☐ Chissà. In ogni caso prepara qualcosa.
☐ Non lo so. Secondo me no, ma portati l'ombrello, non si sa mai.

3

Sottolinea la forma corretta del futuro.

Marina è una ragazza molto sveglia e piena di energia. Ha tanti amici e le piace viaggiare e divertirsi. Va bene a scuola e dopo le medie vuole fare l'istituto tecnico commerciale per il turismo: infatti da grande vuole fare un lavoro dinamico in cui incontrare sempre nuove persone e parlare tante lingue. Un giorno, assieme a un'amica, va da una maga per farsi leggere le carte.

Questo è quello che le dice la maga Sibilla:

"Vedo che la tua vita sarà molto felice: il tuo futuro **andrò/andrà** molto bene. **Incontreresti/Incontrerai** un ragazzo che ti **vorrà/volerà** così tanto bene da non lasciarti mai. Non **finirà/finirai** gli studi. Ti **sposerai/sposerete** presto e **avrai/avranno** cinque figli, vi **compravate/comprerete** una casa in campagna e **vivreste/vivrete** in pace e armonia. Tu non **potrai/potranno** lavorare per dedicarti ai bambini. Quando **saranno/sarà** grandi, i tuoi figli **lascerà/lasceranno** la famiglia per fare la loro vita. Allora tu **avrai/avrà** tempo per te stessa e ti **dedicherà/dedicherai** al giardinaggio."

Marina esce dalla maga triste triste: non è proprio la vita che vuole fare! L'amica la prende un po' in giro e le propone di consolarsi con un bel gelato.

4

Metti i verbi tra parentesi al futuro.

Molte delle cose che ci circondano, nel futuro (essere) ____________ abbastanza diverse da come sono adesso. Ricercatori e scienziati stanno già lavorando alla progettazione di prototipi impensabili al giorno d'oggi. Vi ricordate il tele trasporto di Star Trek? Gli scienziati garantiscono che a breve (essere) ____________ possibile tele trasportare i corpi. Gli esperimenti condotti a Linz confermano questa possibilità. Certo, non è ancora il trasporto della materia, ma forse tra breve (noi/potere) ______________ andare in Cina in pochi secondi, (noi/scomparire) ______________ da qui e ci (noi/materializzare) ______________ all'istante da un'altra parte della terra, forse dell'Universo. Se davvero ci (noi/potere) ______________ tele trasportare, sicuramente la nostra vita (cambiare) ____________ completamente e le agenzie di viaggio (scomparire) ____________!

(adattato da "Focus")

17.2 Il futuro anteriore

- Di solito il **futuro anteriore** si usa per esprimere un'azione futura che accade prima di un'altra azione espressa con il futuro semplice.

  Oggi sono stanca. Mi metterò a studiare seriamente appena **sarò tornata** dalle vacanze

  presente | futuro | futuro anteriore

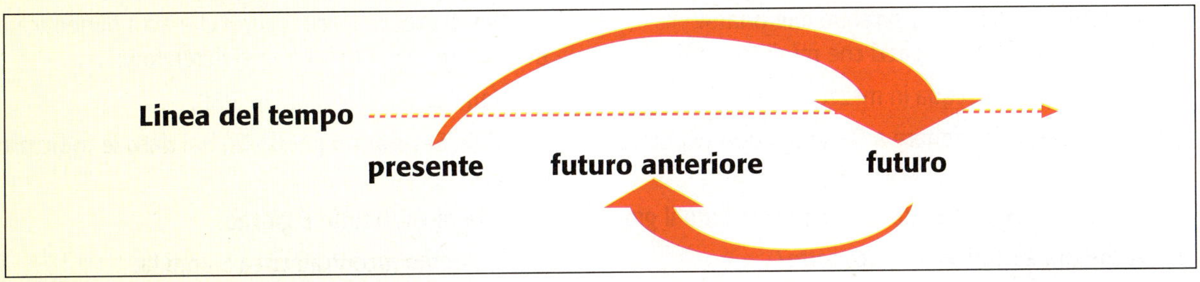

- In questo caso il futuro anteriore si usa quasi sempre dopo le parole: **appena**, **quando**, **dopo che**.

  Appena sarò arrivato ti chiamerò.
  Quando avremo finito di allenarci potremo riposarci.
  Le fisserò un appuntamento **dopo che avrò parlato** con la segretaria.

- Il **futuro anteriore** si usa anche:

b) Indicare un'incertezza nel passato.
Giorgio **si sarà perso**. Non è ancora arrivato.
Sarà già **nato** il fratello di Simona?

c) Esprimere un dissenso su un'azione avvenuta nel passato.
Avranno anche **fatto** uno sconto, ma il posto mi è sembrato caro comunque.

- Il futuro anteriore si forma con il **futuro** di **avere** o **essere** + il **participio passato** del verbo.

  Dopo che **avrò fatto** l'esame andrò in piscina!
  Appena **sarò arrivato** ti chiamerò.

Completa tu la tabella dei verbi.

futuro anteriore		
(futuro semplice di avere o essere + participio passato)		
io	avrò parlato	
tu		sarai andato/a
lui/lei/Lei	avrà parlato	sarà andato/a
noi	avremo parlato	
voi	avrete parlato	
loro		saranno andati/e

Esercizi 17.2

1

Sottolinea i verbi al futuro anteriore, poi collega le frasi, come nell'esempio.

a. **Giulia e Igor dovevano essere qui mezz'ora fa. Che strano!**
b. Lo sapevo che non mi avrebbe telefonato! Succede con tutti i ragazzi che mi piacciono!
c. Guarda quanta acqua in mezzo alla strada!
d. Ho provato a telefonare a Dario ma non risponde.
e. Ieri mia sorella ha avuto mal di pancia tutto il giorno.
f. A che ora è cominciato il concerto?
g. Da quanto tempo vi conoscete?

☐ Probabilmente sarà già uscito.
☐ Non ti preoccupare! Vedrai che avrà dimenticato dove ha messo il tuo numero di telefono.
☐ Non so. Saranno state le 8:30.
[a] **Uhm. Si saranno persi? Gli hai dato le indicazioni giuste?**
☐ Avrà piovuto tutto il giorno.
☐ Ci saremo incontrati circa 5 anni fa.
☐ Avrà mangiato troppi dolci al compleanno.

2

Trova la ragione dello stato d'animo di queste persone. Scegli dalla lista qui sotto e poi scrivi i verbi al futuro anteriore, come nell'esempio.

non fare niente tutto il giorno - vincere al lotto - <u>morire il gatto</u> - cadere dalla bicicletta - sapere che suo padre non sta bene - lavorare tutto il giorno - svegliarsi due minuti fa - litigare con la ragazza

1. Lara è triste.
morire il gatto → le sarà morto il gatto.

2. Dario è arrabbiato.
________________ → ________________

3. Khalid è spettinato.
________________ → ________________

4. Valerio è preoccupato.
________________ → ________________

5. Luisa è felicissima.
________________ → ________________

6. Aisha è stanchissima.
________________ → ________________

7. Luis è annoiato.
________________ → ________________

8. Barbara ha male al braccio.
________________ → ________________

3 Sottolinea i verbi corretti.

◆ Ciao Sergio, come va?

♣ Bene Federica, sto aspettando Omar. Dobbiamo andare alla Polisportiva per sapere se ci hanno preso nella squadra di basket.

◆ Avete fatto un provino?

♣ Sì, una settimana fa. Ci hanno detto che, appena **finiranno/avranno finito** di esaminare tutti i ragazzi **esporranno/avranno esposto** l'elenco di quelli selezionati per la squadra. Vogliamo andare a vedere se per caso c'è già!

◆ Speriamo che vi prendano tutti e due, allora...

♣ Sì, ci teniamo molto! La palestra è un po' lontana e i nostri genitori ci possono accompagnare a turno, una volta per uno…se non ci prendono tutti e due è un problema. Invece se ci prendono, fra due settimane **cominceremo/avremo cominciato** gli allenamenti, dopo che **avremo portato/porteremo** il certificato medico!

◆ Beh, vi auguro buona fortuna, allora!

♣ Sai, Omar è pessimista e continua a ripetere che tanto non abbiamo speranza…
Io invece sono ottimista. Sono sicuro che tutto **sarà andato/andrà** per il meglio e appena **riceverai/avrò ricevuto** la conferma **farò/avrò fatto** una bella festa!

◆ Non vedo l'ora Sergio! In bocca al lupo!

♣ Crepi!

4 Metti i verbi al futuro semplice o al futuro anteriore.

1. Quando (noi/ricopiare) ________________ tutti gli esercizi finalmente (noi/potere) ________________ fare merenda.
2. Assad ha promesso che, dopo che (loro/finire) __________________________ il campionato, (lui/organizzare) _________________ una bella festa con gli amici e i compagni di squadra.
3. Gli (io/parlare) ________________ solo quando mi (lui/chiedere) ________________ scusa.
4. Da grande, quando (io/lavorare) _______________ e (io/guadagnare) ________________ abbastanza (io/prendere) ________________ un mese di pausa per fare un viaggio in India.
5. Sonia ha deciso che non (tagliarsi) ________________ i capelli fino a quando non (passare) ________________ l'esame.
6. Quando (loro/prendere) ________________ una nota, (loro/capire) ________________ quanto è stupido fare tutta quella confusione.
7. Ti (io/dare) ________________ un colpo di telefono non appena (io/arrivare) ________________ a destinazione.
8. (voi/Andare) ________________ a giocare solo dopo che (voi/fare) ________________ tutti i compiti.

Unità di Apprendimento 18

Il comparativo e il superlativo

18.1 Che cos'è il comparativo

- Quando si confrontano due oggetti o persone si fa un paragone. Si dice che si usa una frase comparativa.

Obelix è **più alto** di Asterix

Stanlio è meno grasso **di Ollio**

18.2 Il comparativo di maggioranza e minoranza

- Normalmente si usa **più/meno**… **di**… per paragonare due o più (oggetti o persone):

a) nomi;
Britney Spears è **più** famosa **di** Laura Pausini.
In Italia il calcio è **più** popolare **del** rugby.
Il treno è **meno** veloce **dell'**aereo.

b) pronomi personali (io, tu, ecc.);
Tu sei **più** bella **di** lei.
Io sono **meno** alto **di** te.

- Normalmente si usa **più/meno**… **che**… per paragonare due o più:

a) aggettivi;
Quell'uomo è **più** largo **che** alto.
b) verbi;
Leggere è **più** interessante **che** guardare la tv.
c) avverbi;
Sarai **più** comodo là **che** qua.
d) pronomi o sostantivi preceduti da preposizione;
Anna è **più** gentile con me **che** con te.
Tengo **più** al mio cane **che** al mio pesciolino .
e) quantità o numeri.
In Italia ci sono **meno** uomini **che** donne.

comparativo di maggioranza e minoranza	
con sostantivi e pronomi personali →	**più/meno… di…**
con aggettivi, verbi, avverbi, pronomi o sostantivi con preposizione, quantità o numeri →	**più/meno… che…**

Esercizi 18.1

1

Scegli il comparativo giusto.

1. Gli italiani rimangono in famiglia più a lungo **che/de-** i nord europei, in genere fino ai 28 anni.
2. In Italia le ragazze lasciano la casa dei genitori circa 4 anni prima **che/de-** i ragazzi.
3. Il 15% degli italiani maschi ha dichiarato di restare più volentieri a casa a eseguire lavori di taglio e cucito **che/di** uscire e andare al bar con gli amici.
4. In Italia ci sono più persone che vanno dal parrucchiere almeno una volta al mese **che/di** persone che ci vanno solo due volte l'anno.
5. Italia ci sono più musulmani **che/di** buddisti.
6. Una nota rivista musicale afferma che in Italia il jazz è più conosciuto **che/del-** la musica heavy metal.
7. In Italia lo shopping è praticato più da ragazze tra i 18-24 anni, (il 23% va per negozi una volta ogni settimana) **che/di** da donne tra i 24 e 65 anni.

2

Completa il dialogo con di (con o senza articolo) o che.

Zaime, Guglielmo e Valerio devono scegliere un compagno di squadra per il torneo di pallacanestro della scuola ... Hanno parlato con due ragazzi e ora devono scegliere tra i due.

Zaime - Ragazzi, perché non scegliamo Paolo? Mi sembra molto più bravo _____ Luigi, no? E poi, avete visto che muscoli? È sempre più comodo avere in squadra qualcuno molto forte _____ avere uno piccolo e magro, penso.
Valerio - Mah, non so. Luigi è davvero molto valido: lo dicono tutti che è il migliore! È vero, è meno alto ______ Paolo, ma è davvero agile. E sicuramente ha un gioco più scattante _____ lui. Fa certi canestri…
Zaime - Sarà…secondo me però Paolo è più abile ____ Luigi e fa un ottimo gioco di squadra.
Guglielmo - Non cominciate a litigare come al solito ragazzi!
Valerio - Tu cosa pensi Guglielmo?
Guglielmo - Io sceglierei Paolo, anche perché ha detto che ci teneva tanto a giocare in squadra con noi. Preferisco fare gli allenamenti con uno che è già mio amico ____ dover giocare con uno magari bravo ma che non mi sta simpatico!
Zaime - E poi Luigi si dà un sacco di arie…! Io non lo sopporto proprio!
Valerio - E va bene ragazzi. Avete vinto voi!

18.3 Il superlativo relativo e il superlativo assoluto

- Il superlativo relativo si forma così: **articolo + più/meno + di/fra**.
  La Sicilia è **la** regione **più** grande **d**'Italia.
  Daniel è **il** ragazzo **meno** ordinato **fra** quelli della mia classe.
- Il superlativo assoluto si forma aggiungendo il suffisso **-issimo** all'aggettivo.
  Di giorno nel deserto fa cald**issimo**.
  Le opere del Botticelli sono bell**issime**.
- Il superlativo assoluto si può anche formare:
  a) ripetendo l'aggettivo.
  Questa casa è **piccola piccola**.

  b) usando **tutto/a/i/e**.
  Ieri Amelia era **tutta contenta**.

  c) con prefissi come **stra**-, **super**-, **arci-**, **iper**-, ecc. (soprattutto in forme standard)
  Il padre di Luisa è **stra**ricco!
  Madonna è una cantante **arci**nota.

superlativo relativo	superlativo assoluto
articolo + più/meno + di/fra	-issimo/a/i/e

Esercizi 18.2

1 Sottolinea i superlativi, poi collega le domande con le risposte e sottolinea tutte le forme del superlativo, come nell'esempio.

a. **Hai visto "La vita è bella" di Benigni?**
b. Ti è piaciuto lo spettacolo della prima A?
c. Che ne pensi della nuova edizione del "Grande Fratello"?
d. Vieni a vedere il nuovo film con Jennifer Lopez?
e. Hai sentito l'ultima canzone di Laura Pausini? Ti piace?
f. Che ne pensi del nuovo programma TV del pomeriggio?
g. Ti piace l'ultimo video di Eminem?
h. Sei stato al concerto di Tiziano Ferro?
i. Ti piacciono "I Simpson"?
l. Ti va di andare al cinema domani?

☐ Sì, tantissimo. È il cartone più divertente di tutti.
☐ Mi piace molto, i partecipanti sono simpaticissimi!
☐ Certo! Ha cantato benissimo e io ho ballato tutto il tempo!
[a] **Sì. È il film più commovente degli ultimi anni.**
☐ Non l'ho ancora visto, ma mi hanno detto che è bellissimo!
☐ No, è stato lo spettacolo più noioso di tutti.
☐ Non molto. Secondo me è il meno bello tra gli ultimi.
☐ No, l'ho già visto e l'ho trovato noioso e stupidissimo.
☐ Sicuro che mi va! Però scegliamo un film allegro questa volta: l'ultimo che abbiamo visto assieme era deprimentissimo.
☐ L'ho sentita ieri alla radio. Mi piace moltissimo e sono sicura che piacerà anche a te che sei sempre ipercritica!

2 Completa le frasi con le espressioni della lista.

famosissima - fra le - i più belli - più interessante – la più famosa - più amati

Laura Pausini è ________________ cantante italiana all'estero.
Toffoli è il cognome di una ________________ cantante italiana che ama scrivere i suoi testi in inglese: Elisa.
Secondo la rivista Kiss Me il cantante rock ________________ della scena italiana oggi è ancora Vasco Rossi.
I ragazzi dicono che i testi delle canzoni di Tiziano Ferro sono ________________ perché raccontano la loro vita di tutti i giorni.
_______ le ragazze, Gianluca Grignani è uno dei ________________ cantanti italiani.

18.4 Comparativi e superlativi particolari

- Gli aggettivi **buono**, **cattivo, grande, piccolo**, **alto**, **basso**, hanno due forme di comparativo e superlativo:

a) forma regolare.

La pizzeria di via Ripetta è **più buona** di quello di via Giulia.
comparativo

La pizzeria di via Ripetta è **la più buona** della zona.
superlativo relativo

La pizzeria di via Ripetta è **buonissima**.
superlativo assoluto

b) forma irregolare.

La pizzeria di via Ripetta è **migliore** (= più buona) di quella di via Giulia.
comparativo

La pizzeria di via Ripetta è **la migliore** (= la più buona) della zona.
superlativo relativo

La pizzeria di via Ripetta è **ottima**. (= buonissimo).
superlativo assoluto

aggettivo	comparativo	superlativo relativo	superlativo assoluto
buono	**migliore**	**il migliore**	**ottimo**
cattivo (brutto)	**peggiore**	**il peggiore**	**pessimo**
grande	**maggiore**	**il maggiore**	**massimo**
piccolo	**minore**	**il minore**	**minimo**
alto	**superiore**	**il superiore**	**supremo**
basso	**inferiore**	**l'inferiore**	**infimo**

Esercizi 18.3

1

Riscrivi le frasi sul quaderno usando la forma irregolare del comparativo o superlativo, come nell'esempio.

ESEMPIO: La torta di mele è <u>più buona</u> di quella di ricotta. → La torta di mele è <u>migliore</u> di quella di ricotta.

1. Questo panino è <u>più buono</u> di quello.
2. Stefano è <u>il più grande</u> dei fratelli.
3. Da Baffetto si mangia una pizza <u>buonissima</u>!
4. Quello è un ristorante <u>cattivissimo</u>!
5. Fra tutti i fratelli Amelia è <u>la più piccola</u>.
6. È <u>il più brutto</u> film dell'anno!
7. Il mio disegno è <u>più brutto</u> del tuo.
8. È davvero <u>il</u> dolce <u>più buono</u> della festa!
9. Noi abitiamo al piano <u>più basso</u>.
10. Devo salire al piano <u>più alto</u>.

2

Sottolinea la forma corretta.

Secondo una recente inchiesta, un italiano su tre si sente più felice con il cane **di/che** con gli amici o con il proprio partner. Secondo questi italiani il cane è **la migliore/la buonissima** compagnia possibile perché è **fedelissimo/più fedele** e **tranquillissimo/più tranquillo** di qualsiasi altra compagnia umana. Alcuni considerano il cane **il migliore/il più migliore** mezzo per fare conquiste d'amore. Inoltre la scelta del cane rivela la personalità del padrone. Se scegli un boxer sei un tipo **il più socievole/socievolissimo** e molto sportivo; se preferisci il bassotto hai un carattere fermo e **più deciso/il più deciso** degli altri; se invece ti piacciono i labrador sei ambizioso e egoista. Infine se scegli un pastore tedesco non hai certo **più originale/il più originale** dei caratteri e sei un tipo tranquillo. Tu che ne pensi?

3

Completa l'articolo con le espressioni della lista.

il migliore - il massimo - il più bravo - superiore - inferiori - ottimo - meno bravo.

Oggi ho fatto una discussione con la mia migliore amica. Lei sosteneva che Brad Pitt è ________________ attore di questi anni, l'unico vero attore, mentre gli altri sono solo dei bei ragazzi e basta. A me piace invece Johnny Depp e le ho detto che non mi sembrava ________________ di Brad Pitt, anzi secondo me era anche ____________ a lui, molto più espressivo. Ma Alice insisteva che non solo Brad Pitt è ________________ di tutti, ma che gli altri sono così ________________ a lui che non è possibile fare nemmeno un vero confronto.
Io le ho risposto che è vero, Brad Pitt è sicuramente bellissimo e un ____________ attore, ma Johnny Depp sa recitare davvero bene e poi sceglie sempre film particolari. Insomma può darsi che non sia ____________ in assoluto, ma non è da buttare! Ma per Alice esiste solo Brad Pitt!

Unità di Apprendimento 19

I pronomi relativi

19.1 Cosa sono i pronomi relativi

- I **pronomi relativi** si usano per unire 2 frasi con due elementi che si ripetono. Il pronome relativo sostituisce uno dei due elementi.
  Mia sorella Silvia arriva domani + **Mia sorella Silvia** vive a Milano
  = Mia sorella Silvia, **che** vive a Milano, arriva domani.
  John è inglese. + Io lavoro con **John**.
  = John, con **cui** lavoro, è inglese.

19.2 I pronomi relativi "che" e "cui"

- Quando non ci sono preposizioni si usa il pronome **"che"**.
  La ragazza parla con lui + La ragazza è amica mia.
  = La ragazza **che** parla con lui è amica mia.

  Gli italiani **che** parlano inglese sono aumentati.
  Le scarpe **che** porto sono tedesche.
  Il libro **che** leggi è un capolavoro!

- Dopo una preposizione si usa il pronome relativo **"cui"**. (a cui, di cui, con cui, per cui, da cui, in cui, su cui, tra cui)
  La ditta si trova in Olanda + Dobbiamo telefonare **alla** ditta
  = La ditta **a cui** dobbiamo telefonare si trova in Olanda.
  Quello è l'amico **di cui** ti avevo parlato.
  Il paese **da cui** provengo è piccolissimo.
  Come si chiama la ragazza **con cui** parlavi prima?

pronomi relativi	
soggetto o oggetto diretto (senza preposizione) →	**che**
sempre dopo preposizione →	**cui** (di cui, a cui, in cui, con cui, su cui, per cui, tra/fra cui)

Esercizi 19.2

1

Sottolinea i pronomi relativi, poi collega le parole di sinistra con quelle di destra e forma delle frasi, come nell'esempio.

a. **La tua compagna di classe, a cui**	☐ ha vinto il Festival di Sanremo è molto bella.
b. Il cane che	☐ non ti ho dato il motorino è chiara.
c. La ragazza con cui	a **ho chiesto il tuo numero di telefono, non lo sapeva.**
d. Il film che	☐ ti avevo parlato, l'ho incontrato ieri.
e. La scrivania su cui	☐ abbaiava ieri notte è di mio zio.
f. La ragione per cui	☐ ho passato tutta la domenica è rumena.
g. Il professore che	☐ hai messo i libri è di mio fratello.
h. Quel prof., di cui	☐ preferisco è Spiderman.
i. La canzone che	☐ ha scritto quel libro è molto famoso.

2

Leggi il testo. Poi copia nella tabella tutti i pronomi relativi sottolineati e scrivi a cosa si riferiscono, come nell'esempio.

I pasti per gli italiani sono quattro, **di cui** due principali (il pranzo e la cena) e due più leggeri (la colazione e, soprattutto per bambini e ragazzi, la merenda). Ciascuno ha una sua caratteristica particolare.

La colazione, **che** di solito si consuma tra le sette e le otto del mattino, è il primo pasto della giornata. In genere la colazione italiana è composta da una bevanda calda (caffé, latte, tè) **che** si accompagna a qualcosa di dolce (biscotti, pane burro e marmellata, brioches). Molte persone fanno colazione fuori casa, al bar. Sono guardati ancora con sospetto prodotti come i cereali **che**, anche se pubblicizzati, sono ancora poco conosciuti in Italia.

Il pranzo è verso le ore tredici. Sono sempre più le persone **che** sono costrette dall'orario di lavoro a mangiare un panino in un bar, ma a casa di solito si mangia un primo piatto di pasta, un secondo di carne, pesce o uova **con cui** viene servito un contorno di verdura, la frutta e per finire il caffè. La domenica si mangiano anche dei dolci.

La merenda, **che** è intorno alle cinque, è il momento **in cui** i bambini interrompono i giochi per fare uno spuntino (un panino, un gelato, etc). o mangiano delle merendine, **che** sono dei piccoli dolci confezionati.

La cena è un momento importante per la vita degli italiani. È l'occasione **in cui** tutta la famiglia si riunisce intorno al tavolo e, senza fretta, parlando, mangia il pasto principale della giornata.

(adattato da www.italica.rai.it)

I pronomi relativi

	si riferisce a...
di cui	I pasti

	si riferisce a...

3 Completa il testo con i pronomi relativi **che**, **con cui**, **di cui**, **in cui**.

I pasti per gli italiani sono quattro, ______ due principali (il pranzo e la cena) e due più leggeri (la colazione e, soprattutto per bambini e ragazzi, la merenda). Ciascuno ha una sua caratteristica particolare.
La colazione, ______ di solito si consuma tra le sette e le otto del mattino, è il primo pasto della giornata. In genere la colazione italiana è composta da una bevanda calda (caffé, latte, tè) ______ si accompagna a qualcosa di dolce (biscotti, pane burro e marmellata, brioches). Molte persone fanno colazione fuori casa, al bar. Sono guardati ancora con sospetto prodotti come i cereali ______, anche se pubblicizzati, sono ancora poco conosciuti in Italia.
Il pranzo è verso le ore tredici. Sono sempre più le persone ______ sono costrette dall'orario di lavoro a mangiare un panino in un bar, ma a casa di solito si mangia un primo piatto di pasta, un secondo di carne, pesce o uova ______ viene servito un contorno di verdura, la frutta e per finire il caffè. La domenica si mangiano anche dei dolci.
La merenda, ______ è intorno alle cinque, è il momento ______ i bambini interrompono i giochi per fare uno spuntino (un panino, un gelato, etc). o mangiano delle merendine, ______ sono dei piccoli dolci confezionati.
La cena è un momento importante per la vita degli italiani. È l'occasione ______ tutta la famiglia si riunisce intorno al tavolo e, senza fretta, parlando, mangia il pasto principale della giornata.

(adattato da www.italica.rai.it)

19.3 Il pronome relativo chi

- **Chi** è sempre singolare e ha il significato di: "tutti quelli che", "la gente che", "la persona/le persone che".
  Non sopporto **chi** parla mentre mangia!
  Di solito **chi** fa una vita sana vive più a lungo.
- **Chi** è usato spesso nei proverbi popolari.
  Chi dorme non piglia pesci.
  Chi va piano va sano e va lontano.

Esercizi 19.3

1 Completa le frasi con i pronomi relativi **chi** e **che**.

1. Ci sono persone ___ fanno sempre colazione con cappuccino e brioche.
2. ___ mangia sul posto di lavoro spesso si accontenta di un panino o di una insalata.
3. Secondo me ___ beve tanto caffè tutti i giorni è sempre molto agitato.

4. La mia vicina di casa, quella ___ ci ha appena salutato, fa delle torte buonissime.
5. Non mi fido di ___ cucina con troppo olio.
6. Giorgio è uno ___ odia la verdura e mangia solo carne .
7. Il sugo _____ preferisco è la pomarola.
8. Non sopporto ___ parla mentre mangia.

19.4 Il pronome relativo possessivo

- Per unire due frasi che hanno un elemento in comune che esprime possesso, si usa la forma: **articolo determinativo + cui**

Quella ragazza è una mia amica. + Ieri hai incontrato la madre **di quella ragazza**.
= Quella ragazza, **la cui** madre hai incontrato ieri, è una mia amica.

Brad Pitt ha una casa in Toscana. + **I suoi** film sono visti in tutto il mondo.
= Brad Pitt, **i cui** film sono visti in tutto il mondo, ha una casa in Toscana.

Quel cantante è molto famoso. + Le canzoni **di quel cantante** sono sempre in cima alle classifiche.
= Quel cantante, **le cui** canzoni sono sempre in cima alle classifiche, è molto famoso.

- L'articolo prima del pronome relativo **cui** concorda sempre con l'oggetto "posseduto".

Il pittore è morto. + Siamo andati al**la sua** mostra qualche mese fa.
= Il pittore, **alla cui** mostra siamo andati qualche mese fa, è morto.

Esercizi 19.4

1

Sottolinea il pronome relativo corretto.

L'Italia è montuosa per più di due terzi: il 38% è formato da montagne e il 39% da colline. Le Alpi, **le cui/la cui/cui** vetta più alta è il Monte Bianco, raggiungono 4810 metri. Questa catena montuosa, **in cui/il cui/la cui** origine risale a circa 25 milioni di anni fa, è una delle più giovani del pianeta. L'altra catena montuosa in Italia sono gli Appennini, **la cui/il cui/che** monte più alto si trova in Abruzzo e raggiunge 2912 metri. Gli Appennini sono la spina dorsale della penisola.

2

Unisci le frasi con la forma articolo determinativo + cui.
ESEMPIO: Claudia è mia amica. La madre di Claudia fa la hostess. =
Claudia, la cui madre fa la hostess, è mia amica.

1. Mio cugino è partito oggi. Abbiamo parlato della ragazza di mio cugino prima.

____

2. Anna è una mia amica da tanti anni. Abbiamo incontrato i genitori di Anna poco fa.

____

3. Mio fratello è in vacanza. Hai dormito nel letto di mio fratello stanotte.

____

4. Il mio maestro di musica è un bravissimo chitarrista. Seguo ormai da anni le lezioni di quel maestro.

____

5. Aldo è molto bravo. Hai visto il padre di Aldo alla partita.

____

6. Lo studente ha problemi in matematica. Il professore ha appena parlato con la madre dello studente.

____

19.5 Il pronome relativo il quale

- **Che** e **cui** si possono sostituire con il pronome relativo **il quale/la quale/i quali/le quali**.
  Ho visto Marco, **che** mi ha raccontato tutto.
  Ho visto Marco, **il quale** mi ha raccontato tutto.
  La ragazza **con cui** parlavo è mia cugina.
  La ragazza con **la quale** parlano è mia cugina.

- **Il quale** "guarda" e concorda con il sostantivo a cui si riferisce.
  Igor e Manuel, **con cui** avevo davvero un bel rapporto, hanno cambiato scuola.
  Igor e Manuel, con **i quali** avevo davvero un bel rapporto, hanno cambiato scuola.
  Le mie sorelle, **a cui** i miei genitori avevano comprato un motorino, hanno avuto un incidente.
  Le mie sorelle, **alle quali** i miei genitori avevano comprato un motorino, hanno avuto un incidente.

- L'uso di **il quale** al posto di **che** non è molto comune nella lingua parlata.
  Elton, **che** è il migliore amico di mio fratello, si è sposato ieri. (più usato)
  Elton, **il quale** è il migliore amico di mio fratello, si è sposato ieri. (meno usato)
  Ho visto Anna, **che** tu conosci molto bene. (più usato)
  Ho visto Anna, **la quale** tu conosci molto bene. (meno usato)

pronomi relativi

	maschile	femminile
singolare	il quale	la quale
plurale	i quali	le quali

Esercizi 19.5

1 Sostituisci i pronomi relativi evidenziati con **il quale/la quale/i quali/le quali.**

Anche se alcuni dicono che la pasta è stata introdotta in Italia da Marco Polo, <u>**che**</u> ________ l'aveva portata dalla Cina, ci sono documenti che indicano che in Sicilia intorno al 1000 si mangiava già un tipo di pasta, simile agli spaghetti. Inoltre Roma, <u>**in cui**</u> ________ ai tempi di Augusto vivevano circa un milione e mezzo di abitanti, doveva avere un modo efficace <u>**con cui**</u> ________ conservare il grano e la farina nei granai. Probabilmente li distribuivano frequentemente alla popolazione **<u>che</u>** ______ li conservava in modi diversi. Alcuni tostavano il grano, altri invece mescolavano farina e acqua, la facevano seccare al sole e poi la tagliavano come le nostre tagliatelle. Nel I secolo d.C. Marco Avio Apicio ha scritto uno dei primi libri di cucina **<u>di cui</u>** ______ abbiamo notizia: "De re coquinaria" e ha descritto una ricetta **<u>a cui</u>** ______ possiamo paragonare le lasagne di oggi. Non ci sono però altri riferimenti alla pasta in tempi romani, forse perché era un cibo plebeo e non pregiato.

(adattato dal sito ICON.IT)

2 Completa il testo con i pronomi relativi che, chi, quale/quali.

Il cioccolato ha origini antichissime. I primi a coltivare la pianta del cacao nell'America centrale furono i Maya, i ______ ne facevano un grande uso fin dal 1000 a.C., e in seguito gli Aztechi. La leggenda vuole che Quetzalcoàtl, dio azteco, prima di scomparire dal mondo donò ai mortali il seme del cacao con il ______ si preparava una bevanda amara e piccante ______ dava energia. In suo onore a questo seme, dal ______ si ricava la cioccolata, venne dato il nome prima di cacahualt e poi chocolatl, nome ______ è rimasto sostanzialmente simile in quasi tutte le trecento lingue del mondo. Fin qui la storia si confonde con la leggenda. Ci sono documenti nei ______ si racconta che nel 1502 Cristoforo Colombo, ______ era al suo quarto e ultimo viaggio nelle "Indie", sbarcò nelle terre dell'Honduras. Qui gli vennero offerti i semi di cacao dai ______ veniva fatta una bevanda scura e densa, ma il suo sapore evidentemente non piacque molto. Colombo infatti non vi diede alcuna importanza.
Fu Hernàn Cortéz ______, diciassette anni più tardi, nel 1519, giunto dalla Spagna per conquistare la Nuova Terra, si accorse della cioccolata. Cortez venne scambiato per il dio Quetzacoalt, ______, secondo la leggenda, sarebbe tornato proprio in quell'anno. A Cortez, ______ fu accolto pacificamente dall'imperatore Montezuma, fu regalata una piantagione di cacao. Cortéz comprese subito il valore della cioccolata e la portò con sé in Spagna. Qui furono i frati, grandi esperti di infusi, a sostituire il pepe e il peperoncino con lo zucchero e la vaniglia creando una bevanda dolce e gustosa. E così, la cioccolata arrivò in Europa, diventando uno dei cibi più amati.

(adattato da www. cioccoweb.it)

Unità di Apprendimento 20
Il trapassato prossimo

20.1 Che cos'è il trapassato prossimo

- Il trapassato prossimo si usa per esprimere un'azione nel passato che è successa prima di un'altra azione passata.

Ieri quando **sono arrivato** (dopo) in stazione, il treno **era partito** (prima). Oggi sono in anticipo.

Ugo **ha detto** (dopo) a Paolo che **aveva visto** (prima) la sua ragazza con un altro ragazzo. Ora però non è sicuro.

Linea del tempo — **trapassato** ← **passato (imperfetto o passato prossimo)** → **presente**

Completa tu la tabella dei verbi.

trapassato prossimo (imperfetto di avere o essere + participio passato)		
io	avevo parlato	
tu	avevi parlato	eri andato/a
lui/lei/Lei		era andato/a
noi	avevamo parlato	eravamo andati/e
voi	avevate parlato	
loro		erano andati/e

Esercizi 20.1

1 Sottolinea i verbi al trapassato prossimo, come nell'esempio.

Avevamo conosciuto Michele Salvemini, alias Caparezza, qualche tempo fa, quando era uscito il suo omonimo album d'esordio. Lo abbiamo rivisto oggi dopo il lancio di "Verità supposte", il suo secondo CD. I suoni diffusi dal Capa erano stati all'inizio di chiara matrice hip hop, ma con "Verità Supposte" qualcosa è cambiato. "La maggior parte delle scelte musicali compiute per questo nuovo disco sono nate dall'esperienza dei miei concerti" – ci ha detto il Capa . " Per il nuovo disco, ero partito dall'idea di allontanarmi completamente dall'ottica hip hop, ma mi ero ritrovato presto dentro una gran confusione. Fortunatamente Carlo Rossi (il produttore del disco) mi ha aiutato molto e sono riuscito a dare ordine a tutti i suoni che giravano nella mia testa".

(adattato da www.caparezza.it)

20.2 Le forme del trapassato prossimo

- Il trapassato prossimo si forma con l'imperfetto di **avere** o **essere** + il **participio passato** del verbo.
  Mario ha detto che **aveva mangiato** troppo.
  I miei nonni mi raccontavano sempre di quando **erano andati** in viaggio di nozze.

Esercizi 20.2

1 Collega le domande con le risposte e metti i verbi al trapassato prossimo, come nell'esempio.

a. **Perché Gianni non è venuto agli allenamenti?**
b. Siete andati al cinema venerdì?
c. Perché i tuoi non rispondevano al telefono, l'altra sera?
d. Perché non hai accettato un'altra fetta di dolce? Era ottimo!
e. Come mai non hai il motorino?
f. Sei ancora qui? Ma non dovevi andare un mese in Marocco?
g. Dove hai dormito a Roma?
h. Non ho visto tuo fratello alla festa. Dov'era?

☐ Quando sei arrivato tu (lui/andare) _______ ___________ già via.
☐ Lo so, ma (io/mangiare) _______ ___________ davvero troppo!
☐ L' ho venduto. (lui/fare) _______ ___________ troppi chilometri e ormai non andava più bene.
☑ a **Ha detto che il giorno prima a una festa aveva preso troppo freddo e non si sentiva bene.**
☐ A casa degli stessi amici dove (io/stare) _______ ___________ l'anno scorso.
☐ Mi hanno detto che non l'hanno sentito perché (loro/andare) _______ ___________ a dormire.
☐ No, (noi/fare) _______ ___________ troppo tardi in biblioteca e così siamo andati a casa.
☐ Sì, (io/comprato) _______ ___________ anche il biglietto, ma poi mio padre è stato un po' male e non siamo più partiti.

2

Metti i verbi al trapassato prossimo.

I signori Fiore sono andati a Milano per un giorno e hanno lasciato la casa in mano ai figli, Rita e Dario, con molte raccomandazioni. Quando sono tornati la notte hanno trovato che:
la casa era un disastro perché la sera i ragazzi (organizzare) ________________ una cena per gli amici e (ballare) ________________, (giocare) ________________ e (guardare) ________________ video fino a tardi. Inoltre Rita e Dario (dimenticarsi) ________________ di dare da mangiare a Rambo, il cane, e non lo (portare) ________________ fuori per la sua passeggiata. Nessuno (lavare) ________________ i piatti e i bicchieri e (raccolto) ________________ le bucce delle noccioline sparse per terra ovunque!
Naturalmente, quando i genitori gli hanno chiesto spiegazioni, ognuno ha dato la colpa all'altro dicendo: "(dire) ________________ che ci pensava lui!".

3

I consigli di Marianna. Scegli la forma corretta del verbo e … hai consigli per questi poverini?

Cara Marianna,
sono appena tornata dalle vacanze. **Sono andato/Ero andato** con i miei al mare, in Puglia. Non **sono stato/ero stato** mai in Puglia e se devo dire la verità non **ero stato** mai al mare per le vacanze. L'anno scorso **siamo andati/eravamo andati** sulle Dolomiti, in montagna, e due anni fa **facevamo/avevamo fatto** le vacanze estive sul Gran Sasso, sempre in montagna. L'anno scorso ricordo che **avevo pianto/piangevo** tantissimo perché tutti i miei amici andavano al mare e io dovevo andare in montagna e non volevo. Così i miei **decidevano/hanno deciso**, per una volta, di andare al mare. Ora sono felice ma il prossimo anno come posso fare per convincere i miei a tornare al mare?

Mare forever, 91

Cara Marianna,
oggi il prof di matematica mi ha interrogata. "Normale", penserai tu. E invece no, perché già mi **aveva interrogata/interrogava** ieri! Io mi sono vergognata tantissimo, non mi **succedeva/era successo** mai di essere impreparata. In genere sono brava a scuola, e poi non mi piace fare brutte figure. E pensare che ieri **prendevo/avevo preso** un voto buonissimo, **avevo studiato/ho studiato** tanto! E invece oggi mi **aveva chiesto/ha chiesto** se **ho fatto/avevo fatto** l'esercizio! E io non l'**avevo fatto/ho fatto**! Cosa posso fare adesso? Aiutami tu.

Marta – seconda B

Cara Marianna,
da qualche mese ho una cotta per un ragazzo bello e dolcissimo: mi **ero innamorata/mi sono innamorata**! Ho provato a invitarlo ma mi **vergognavo/ero vergognata**. Allora ho chiesto aiuto a Maria (un mia amica) e lei ha pensato bene di invitarlo al cinema con la scusa di parlargli di me. Due giorni dopo un'altra mia amica mi ha detto che li **vedeva/aveva visti** mano nella mano a passeggiare in centro e a un certo punto lui **cercava/aveva cercato** persino di baciarla. Mi sono infuriata! Ho telefonato a Maria e le ho chiesto spiegazioni ma lei mi **ha detto/aveva detto** che lui **era stato/è stato** davvero gentile, che **aveva ascoltato/ascoltava** tutto quello che lei **voleva/aveva voluto** dirgli, che non era vero quello che mi **avevano detto/dicevano** e che anzi lui **voleva/aveva voluto** uscire con me...Non so se crederle: che devo fare?

Otella innamorata

Unità di Apprendimento 21

L'imperativo

21.1 Che cos'è l'imperativo

- L'**imperativo** si usa per dare ordini o consigli.
  Aprite la finestra, fa caldo!
  Per andare a Firenze, **prendi** il treno, non la macchina.

imperativo			
	am-**are**	prend-**ere**	apr-**ire**
tu	am-**a**	ved-**i**	apr-**i**
Lei	am-**i**	ved-**a**	apr**a**
noi	am-**iamo**	ved-**iamo**	apr-**iamo**
voi	am-**ate**	ved-**ete**	apr-**ite**

Esercizi 21.1

1 Sottolinea i verbi all'imperativo.

Prof. – Amina alzati e vieni alla lavagna, oggi ti interrogo.
Amina – Ma oggi non posso ieri sono stata a danza…
Prof. – Smettila. Chiudi il libro e dimmi cos'è il quadrato di 6.
Amina – Posso lavorare in coppia con Marco?
Prof. – No, devi dirmi cos'è il quadrato di 6.
Amina – Un rombo?
Prof. – Amina, devi studiare impegnati di più.

Amina – Non gridi! La sento benissimo.
Prof. – Come? Adesso mi dai gli ordini, ma chi ti credi di essere, l'imperatrice della Cina?
Amina – Magari, ho letto che le imperatrici cinesi erano educate alla danza e al canto…
Prof. – Zitta Amina, altrimenti ti metto insufficiente. Vediamo chi posso interrogare adesso.

21.2 L'imperativo informale (tu-noi-voi)

- L'imperativo è di solito uguale al presente indicativo del verbo (con le persone **tu**, **noi**, **voi**).

  Telefoniamo a Ferdi! (noi)
  Comprate quel libro. È bellissimo! (voi)
  Metti a posto quel libro! (tu)
  Vediamo quel film che è più interessante. (noi)
  Chiudete la porta, per favore. Fa freddo. (voi)
  Finisci di studiare! (tu)
  Partiamo domani. (noi)
  Pulite la cucina dopo che l'avete usata. (voi)

- L'imperativo della 2ª persona singolare (**tu**) dei verbi in -**are**, invece finisce in -**a**.

  Parla più lentamente che non capisco.
  Mangia la frutta che ti fa bene!
  Scusa ma non posso venire con te oggi.

imperativo informale

	am-**are**	ved-**ere**	apr-**ire**
tu	parl-**a**	ved-**i**	apr-**i**
voi	parl-**ate**	ved-**ete**	apr-**ite**

- Alcuni verbi hanno l'imperativo informale irregolare.

- I verbi **avere**, **essere** e **sapere**, hanno l'imperativo informale irregolare alla 2ª persona singolare (tu) e alla 2ª persona plurale (voi).

	tu	voi
essere	**sii**	**siate**
avere	**abbi**	**abbiate**
sapere	**sappi**	**sappiate**

- I verbi **andare**, **dare**, **fare** e **stare**, hanno una doppia forma per l'imperativo di 2ª persona singolare (tu). Il verbo **dire** invece ha una sola forma.

andare	**va'/vai**
dare	**da'/dai**
fare	**fa'/fai**
stare	**sta'/stai**
dire	**di'**

Esercizi 21.2

1

Sottolinea i verbi all'imperativo e poi scegli per ogni problema il consiglio giusto, come nell'esempio.

a. **Ho una gran fame!**	☐ Prendi il treno.
b. Sono troppo stanco!	☐ Metti un annuncio sul giornale.
c. Arrivo a scuola sempre in ritardo.	a **Mangia un panino.**
d. Sono fuori forma.	☐ Fai un viaggio in India a Dicembre.
e. Perdo sempre quando gioco a tennis.	☐ Riposati un po' .
f. Ho perso il cane.	☐ Prova a sforzarti un po'!
g. Dormo troppo poco!	☐ Alzati prima la mattina.
h. Odio il Natale!	☐ Cambia sport.
i. Ho paura di prendere l'aereo.	☐ Vai a letto prima la sera!
l. Non ho mai voglia di fare i compiti.	☐ Comincia a fare un po' di sport.

2

Questa è la lista di Luca e Giulia. Cambia tutta la lista all'imperativo di 1ª persona plurale (noi) come nell'esempio e indovina cosa stanno organizzando

dare gli inviti agli amici → *diamo gli inviti*
comprare le bibite →
comprare i coriandoli e le stelle filanti →
decidere che musica mettere →
scegliere i costumi e le parrucche →
spostare i mobili per fare più spazio →
preparare le tartine e i salatini →

3

Metti i verbi all'imperativo informale come negli esempi. Attento ai verbi irregolari!

(tu/Andare) *Va'/Vai* a casa!
(voi/Andare) *Andate* a casa!
(tu/Fare) ______________________ la spesa.
(voi/Fare) ______________________ la spesa.
(tu/Stare) ______________________ zitto!
(voi/Stare) ______________________ zitti!
(tu/Dare) ______________________ questo libro a Paolo.
(voi/Dare) ______________________ questo libro a Paolo.
(tu/Dire) ______________________ anche la tua opinione.
(voi/Dire) ______________________ anche la vostra opinione.

21.3 L'imperativo informale negativo

- L'imperativo informale negativo è di solito uguale alla forma negativa del presente indicativo.
  Non telefoniamo a Alessio, è antipatico.
  Non comprate quel libro. È davvero brutto!
  Non vediamo quel film, è noiosissimo!
  Non chiudete la porta per favore. Fa caldo.
  Non partiamo domani. C'è troppo traffico.
  Non pulite la cucina. Lo faccio io.

- La seconda persona singolare (**tu**), invece si forma con l'infinito del verbo.
  Non parlare così veloce che non capisco.
  Non mettere a posto quel libro!
  Non finire di studiare!

imperativo informale negativo			
	am-**are**	ved-**ere**	apr-**ire**
tu	**non** parl-**are**	**non** ved-**ere**	**non** apr-**ire**
noi	**non** parl-**iamo**	**non** ved-**iamo**	**non** apr-**iamo**
voi	**non** parl-**ate**	**non** ved-**ete**	**non** apr-**ite**

Esercizi 21.3

1

Metti i verbi all'imperativo di 2ª persona singolare (tu).

Giovanni è andato al mare e ha lasciato il suo motorino a Simone per un mese. Per sicurezza ha scritto su un foglio tutte le indicazioni:

Ciao Simone! Come ti ho già detto sono davvero contento di lasciarti il mio motorino mentre sono via. Ci sono un paio di cose a cui devi fare attenzione. Prima di tutto la notte (mettere) ________ il motorino in garage e il giorno (ricordare) ____________ sempre di legarlo bene con la catena e il lucchetto: lo sai quanti ne rubano! Poi, (tenere) ____________ presente che per accenderlo devi stare attento, sennò si ingolfa… Non è difficile: (schiacciare) ____________ il pulsante rosso, (tenere) ____________ premuto forte per qualche secondo e poi (dare) ____________ gas. Si accenderà subito. Per favore, non (andare) ____________ troppo forte, e (fare) __________ controllare i freni, come eravamo d'accordo. Penso che sia tutto… Ah, no! dimenticavo le gomme. (Passare) ____________ da un benzinaio e (misurare)________ la pressione. Il serbatoio è sotto il sellino; (usare) ____________ la chiave piccola per aprirlo. Mi raccomando: non (fare) ____________ niente che io non farei!!

Ci vediamo al mio ritorno. Giovanni

2 Metti i verbi all'imperativo informale di 2ª persona plurale (voi) e decidi se sono azioni da fare o no (in questo caso usa l'imperativo negativo), come negli esempi.

Se volete fare bella figura in Italia:

1. Quando vi invitano a una festa (portare) portate in regalo qualcosa da bere o da mangiare.
2. (Guardare) Non guardate nel fazzoletto dopo che vi siete puliti il naso.
3. Se volete regalare dei fiori, (portare) __________ mai i crisantemi! Si portano solo al cimitero!
4. (Offrire) __________ un rametto di mimosa alle ragazze l'otto marzo.
5. (Togliere) __________ le scarpe quando entrate in casa di qualcuno. Nessuno lo fa.
6. (Evitare) __________ di parlare a voce troppo alta.
7. (Dare) __________ del tu alle persone che non conoscete bene: a professori o persone anziane (dare) __________ sempre del lei.
8. (Evitare) __________ di chiedere l'età alle donne.

3 Adesso trasforma le frasi dell'esercizio precedente nell'imperativo di 2ª persona singolare (tu) come negli esempi.

Se vuoi fare bella figura in Italia:

1. Quando ti invitano a una festa (portare) porta in regalo qualcosa da bere o da mangiare.
2. (Guardare) Non guardare nel fazzoletto dopo che ti sei pulito il naso.
3. Se vuoi regalare dei fiori, (portare) __________ mai i crisantemi! Si portano solo al cimitero!
4. (Offrire) __________ un rametto di mimosa alle ragazze l'otto marzo.
5. (Togliere) __________ le scarpe quando entri in casa di qualcuno. Nessuno lo fa.
6. (Evitare) __________ di parlare a voce troppo alta.
7. (Dare) __________ del tu alle persone che non conosci bene: a professori o persone anziane (dare) __________ sempre del lei.
8. (Evitare) __________ di chiedere l'età alle donne.

21.4 L'imperativo informale e i pronomi

- I pronomi diretti, indiretti e combinati e le particelle **ci** e **ne** vanno sempre uniti, come suffisso, all'imperativo informale.

  Andiamo**ci**!
  Parlate**ne**!
  Guarda**li**!
  Dite**mi**
  Compra**lo** subito!

- Con i verbi irregolari **andare**, **dare**, **fare**, **stare**, **dire**, i pronomi e le particelle raddoppiano la consonante iniziale.

  Non sei andato alla biblioteca? Va**cci** domani.
  Maria è molto malata, sta**lle** vicino.
  Da**mmi** una mano a cucinare per favore.
  Che c'è cara? Di**mmi** tutto!
  Se non lo usi, fanne quello che vuoi.

- Con il pronome **gli** non c'è raddoppiamento.

  Va' da tuo padre e di**gli** tutto.

L'imperativo

- Quando l'imperativo informale è negativo abbiamo due possibilità:

a) la particella o il pronome precedono l'imperativo.
Non ti piace il latte? Allora non **lo** bere!
Il cinema è pieno. Non **ci** andiamo!
Quel formaggio non è fresco. Non **lo** comprate!

b) la particella o il pronome si uniscono all'imperativo.
Non ti piace il latte? Allora non ber**lo**!
Il cinema è pieno. Non andiamo**ci**!
Quel formaggio non è fresco. Non comprate**lo**!

Esercizi 21.4

1

Metti i verbi all'imperativo informale (tu).

Giuliano deve partire per la gita scolastica. Questa è la sua conversazione con la madre.

Mamma – (Ascoltarmi) __________ Giuliano. (Fare) __________ come ti dico. Non (dimenticarsi) __________ di metterti la sciarpa e i guanti.

Giuliano – No mamma.

Mamma – (Guardare) __________ che lassù farà più freddo che qui, (mettersi) __________ la maglia di lana quando scendi dal pullman!

Giuliano – Ok mamma.

Mamma – Anzi, ora che ci penso, che scendi a fare? (Rimanere) __________ sopra. Tanto il viaggio dura solo tre ore, no?

Giuliano – Ma mamma … faremo qualche sosta, penso che sicuramente ci fermeremo per mangiare un panino o andare in bagno…

Mamma – Quanti ragazzi siete?

Giuliano – Non so, penso una cinquantina…tutta la mia classe più quelli di seconda…

Mamma – Vabbè. (telefonarmi) __________ appena arrivi però! Capito? Non (farmi) __________ stare in pensiero.

Giuliano – Certo mamma.

Mamma – Hai preso il cellulare? E il pettine? Ti ho messo anche le scarpe di lana nello zaino e una foto mia e del babbo…

Giuliano – Ho tutto mamma! E che ci faccio con le scarpe di lana?

Mamma – (Metterle) __________ no? Fa freddo lassù!

Giuliano – E la foto?

Mamma – (Starmi) __________ a sentire, Giuliano: (portarla) __________. Se ti senti solo la puoi guardare e chiamarci col cellulare.

Giuliano – Ma mamma! Sarò con i miei amici...e poi stiamo solo tre giorni! Non la voglio portare!

Mamma – Ma ci pensi…tre giorni interi senza la tua mamma e il tuo papà! Chissà che nostalgia di casa ti verrà! Boh, (fare) __________ come vuoi! Tanto non mi ascolti mai tu!

Giuliano – Ora non (cominciare) __________ mamma. Sono in ritardo, (farmi) __________ andare!

Mamma – Un'ultima cosa, non (mangiare) __________ troppe schifezze! Chissà cosa vi daranno in albergo…!

Giuliano – No mamma no. Ti prometto che starò attento. Ciao mamma vado.

Mamma – Ciao Ninuccio! (Darmi) __________ un bacio. Ciao!

2

Completa la tabella con l'imperativo informale (tu) dei verbi dare, fare, dire + i pronomi indiretti.

	a me	a lui	a lei	a noi	a loro
dare una mano	dammi una mano				
fare un favore			falle un favore		
dire la verità					digli la verità

3

Completa le frasi con l'imperativo + i pronomi o le particelle ci e ne.
ESEMPIO: Non ho tempo di accompagnarti in piscina. (tu/andare/in piscina) Vacci da solo.

1. Non conosci quella pizzeria? (tu/andare/in quella pizzeria) ______________, la pizza è buonissima.
2. (tu/dire/a me) ______________ tutta la verità o questa volta sei davvero nei guai!
3. Ho una gran paura di quello che dirà il prof del mio compito, (tu/stare/a me) ______________ vicino!
4. Non vedete che il cane ha fame? (voi/dare/a lui) ________________ qualcosa da mangiare!
5. Non sai che cosa regalare a Tullio? (tu/fare/a lui) ______________ una sorpresa e (tu/invitare/lui) ______________ al cinema.
6. Non hai ancora visto il nuovo film dell'Uomo Ragno? È al cinema Alfieri: (tu/andare a vedere/il film) ______________! È bellissimo.
7. Lo so che dobbiamo vedere Laura, ma oggi non posso, (noi/andiamo/da Laura) ______________ domani.
8. Ti è piaciuta la torta? (prendere) ____________________ ancora un po'

21.5 L'imperativo formale (forma di cortesia)

- Le forme dell'imperativo formale sono uguali a quelle del congiuntivo presente (vedi Unità 22). La forma negativa è stata preceduta da **non.**
  Vuole la farmacia più vicina? **Guardi**, **vada** sempre dritto, **attraversi** la piazza e vedrà la farmacia a sinistra.
  Scusi, **non fumi** qui per favore. È vietato.
- Per esprimere l'imperativo formale plurale possiamo usare la 3ª persona plurale del congiuntivo (Loro). Questa forma però non è molto comune. Più usata è la 2ª persona plurale dell'imperativo informale (Voi).
  Signori, **parlino** più piano, per favore. (Loro - forma poco usata)
  Signori, **parlate** più piano, per favore. (Voi)
- I pronomi precedono sempre le forme dell'imperativo formale.
  Signora, quell'acqua non è buona, non **la beva**!
  Prego signore, **si accomodi**.

imperativo formale			
	am-**are**	ved-**ere**	apr-**ire**
Lei	am-**i**	ved-**a**	apr-**a**
Loro	am-**ino**	ved-**ano**	apr-**ano**

Esercizi 21.5

1

Sottolinea i verbi all'imperativo informale, poi collega le frasi fra loro, come nell'esempio.

a. **Ho una gran fame!**
b. Ho bisogno di soldi.
c. Ho un terribile mal di testa.
d. Sono ingrassato.
e. Perdo sempre quando gioco a carte.
f. Ho perso il cane.
g. Lavoro troppo.
h. Odio il Natale!
i. Ho paura di prendere l'aereo.
l. Ho sempre sonno.

☐ Prenda il treno.
☐ Metta un annuncio sul giornale.
[a] **Mangi un panino.**
☐ Faccia un viaggio in India a Dicembre!
☐ Chieda un prestito a una banca.
☐ Provi ad andare a letto prima la sera!
☐ Prenda un'aspirina.
☐ Smetta di giocare.
☐ Si prenda una vacanza.
☐ Cominci a fare un po' di sport.

2

Metti i verbi all'imperativo formale (Lei).

♦ Buongiorno signora, mi (dire) ___________.
♣ Vorrei cambiare stile, questo colore e questo taglio non mi piacciono più.
♦ Mi (seguire) ___________, ci penso io. (Venire) ___________, (sedersi) ___________ qui. Ecco. Allora vediamo un po'.
♣ Mi piacerebbero più corti e magari anche più chiari, che ne pensa?
♦ (Guardare) ___________ questo taglio qui, corto e alla moda, che ne dice?
♣ Uhm... forse è troppo corto, non credo che mi starebbe bene.
♦ Allora magari una media lunghezza… Per il colore (guardare) ___________ questo biondo qui.
♣ No. Troppo biondo.
♦ (Farsi) ___________ consigliare da me signora. Questa tonalità di colore le starebbe benissimo.
♣ Mah non lo so… e perché non rossi?
♦ Va bene. Le piace questo rosso? Lo (provare) ___________, non è niente male.
♣ No, no. Ci ho ripensato. Questo rosso proprio no. Forse è meglio tenere il colore che ho.
♦ Come (volere) ___________ signora. E la lunghezza?
♣ Li voglio sicuramente tagliare. Così sono troppo lunghi.
♦ Li tagliamo fino alle orecchie?
♣ No, troppo corti.
♦ Alle spalle?
♣ No, sempre troppo corti… forse è meglio lasciarli come sono… mi stanno bene no? Mi (dire) ___________ che ne pensa.
♦ Signora, (fare) ___________ come vuole. Forse è meglio se a Lei ci pensa Alessandro.
Alessandro!! Vieni qui a lavare i capelli alla signora!!

L'imperativo

3

Trasforma le frasi, usando la forma di cortesia (imperativo formale), come nell'esempio e scrivile nel quaderno.

ESEMPIO: Smettila di mangiare dolci, ti fanno male! > La smetta di mangiare dolci, Le fanno male!

1. Fai la fila come tutti! Non puoi passare avanti!
2. Ascolta con attenzione quello che dirà il professore.
3. Dove hai messo la mia giacca?
4. Mettiti il maglione rosso, ti sta benissimo.
5. Non fare rumore, in aula 3 ci sono i consigli di classe!
6. Metti un po' più di maionese nel panino.
7. Chiudi la porta, per favore.
8. Sedetevi qui.
9. Aspetta, torno subito.
10. Non telefonare a Ismail: a quest'ora non è a casa.

4

Leggi la storia di Stefano e scegli se mettere i verbi all'imperativo informale (tu) o formale (lei).

Professore – Stefano! Dove sei? (Venire) ___________ subito qui! Perché ieri non sei venuto a scuola a fare il compito in classe?

Stefano – Mah, professore, Lei me lo ha detto solo il giorno prima e io ero appena tornato a scuola: sono stato malato tutta la settimana!

Professore – E allora? Se c'è il compito, c'è il compito. (Smettere) ___________ di lamentarti sempre e (darsi) ___________ da fare, invece! Sai benissimo che era un compito di ripasso sulle frazioni e non sui nuovi argomenti!

Stefano – Ma io l'ho già fatto due mesi fa il compito sulle frazioni ...e l'avevo fatto bene. Perché devo rifarlo? Le so le frazioni!

Professore – (Sentire) ___________, caro mio, tutti i tuoi compagni lo hanno fatto. Comunque facciamo così: visto che le frazioni le sai adesso ti interrogo!

Stefano – (Aspettare) ___________ prof.! Io le frazioni le so benissimo, però sono stato assente...dovrei ripassarle un po'!

Professore – (Venire) ___________ subito alla lavagna! Se non ti fai interrogare ti metto insufficiente.

Stefano – Ma prof, non è giusto! Mi (dire) ___________ , che cosa avrei dovuto fare, non ho deciso io di prendere l'influenza!

Professore – Non (fare) ___________lo spiritoso adesso! Questo tuo atteggiamento non mi piace per niente. Se la situazione non ti va bene, la prossima volta (venire) ___________ a scuola quando ci sono i compiti in classe!

Unità di Apprendimento 22

Il congiuntivo (presente e passato)

22.1 Che cos'è il congiuntivo

- Come l'indicativo, il congiuntivo è un modo del verbo.
  Penso (indicativo) **che** tu **sia** (congiuntivo) il ragazzo più dolce del mondo.
- Il modo indicativo si usa per descrivere quello che succede veramente.
  Lei **è** un mostro.
- Il modo congiuntivo si usa per esprimere qualcosa che è solo un'idea
  Penso **che lei sia** un angelo .
- Normalmente il congiuntivo si usa quando si pensa che, si immagina che, si crede che, si sogna che, si desidera che, si vuole che…
  Credo **che** Caparezza **abbia** una bellissima voce.

congiuntivo presente - verbi regolari			
	am-**are**	ved-**ere**	apr-**ire**
io	am-**i**	ved-**a**	apr-**a**
tu	am-**i**	ved-**a**	apr-**a**
lui/lei/Lei	am-**i**	ved-**a**	apr-**a**
noi	am-**iamo**	ved-**iamo**	apr-**iamo**
voi	am-**iate**	ved-**iate**	apr-**iate**
loro	am-**ino**	ved-**ano**	apr-**ano**

Esercizi 22.1

1 Completa la coniugazione del congiuntivo presente.

	parlare	scrivere	partire	capire
io			parta	
tu	parli			capisca
lui/lei/Lei		scriva		
noi	parliamo			
voi			partiate	
loro		scrivano		capiscano

2 Trova tutti i verbi al congiuntivo e poi scrivili sul quaderno con vicino la forma all'infinito.
ESEMPIO: Che mi parli (parlare)

Voglio tanto una nonna piccina
Morbida e bianca, brava in cucina
Con molto tempo per raccontare
A me che amo tanto ascoltare;
che mi parli del suo passato
e delle persone che ha amato.
Che giochi con me alle signore
Prendendo il tè a tutte le ore.
Che mi faccia dolci squisiti
E per le bambole molti vestiti.
Che mi abbracci quando sono sola,
che mi venga a prendere a scuola
e che mi vizi anche un pochino,
come si merita ogni bambino.

(adattato da Famiglia Cristiana)

22.2 Il congiuntivo presente irregolare

- I verbi che hanno l'indicativo presente irregolare hanno quasi sempre lo stesso tipo di irregolarità al congiuntivo presente. Per esempio:
  Sebbene non **capisca** molto di arte, mi piace andare nei musei. — capisco (indic.) > **capisca** (cong.)
  Mi pare che oggi **faccia** più freddo. — faccio (indic.) > **faccia** (cong.)
  Mio padre vuole che **vada** a casa presto. — vado (indic.) > **vada** (cong.)
- I verbi in **-care** e **-gare** aggiungono una **-h-** prima della terminazione del congiuntivo.
  Voglio che tu **paghi** il conto!
  Pretendono che **cerchiamo** un altra casa.

congiuntivo presente - verbi irregolari					
	essere	avere	dare	stare	andare
io	**sia**	**abbia**	**dia**	**stia**	**vada**
tu	**sia**	**abbia**	**dia**	**stia**	**vada**
lui/lei/Lei	**sia**	**abbia**	**dia**	**stia**	**vada**
noi	**siamo**	**abbiamo**	**diamo**	**stiamo**	**andiamo**
voi	**siate**	**abbiate**	**diate**	**stiate**	**andiate**
loro	**siano**	**abbiano**	**diano**	**stiano**	**vadano**

congiuntivo presente - verbi irregolari					
	venire	**volere**	**potere**	**dovere**	**sapere**
io	**venga**	**voglia**	**possa**	**debba**	**sappia**
tu	**venga**	**voglia**	**possa**	**debba**	**sappia**
lui/lei/Lei	**venga**	**voglia**	**possa**	**debba**	**sappia**
noi	**veniamo**	**vogliamo**	**possiamo**	**dobbiamo**	**sappiamo**
voi	**veniate**	**vogliate**	**possiate**	**dobbiate**	**sappiate**
loro	**vengano**	**vogliano**	**possano**	**debbano**	**sappiano**

Esercizi 22.2

1

Completa la coniugazione del congiuntivo presente.

	essere	stare	pagare	fare	rimanere	andare
io						vada
tu	sia					
lui/lei/Lei				faccia		
noi			paghiamo			
voi					rimaniate	
loro		stiano				

2

Sottolinea la forma corretta del congiuntivo presente.

Giulia, una studentessa di biologia, racconta a Roberta quello che le è successo ieri.

♦ Ieri, mentre aspettavo l'autobus, mi si è avvicinato un uomo molto ben vestito e mi ha detto: "Scusi, Lei è una modella?"

♣ Ma dai! E tu cosa hai risposto?

♦ Gli ho detto di no, naturalmente e lui ha aggiunto: "Non è possibile che Lei **siate/sia** una studentessa! È troppo bella! Penso proprio che Lei **devi/debba** iniziare la carriera di modella!"

♣ Che bello! Spero che un giorno **succeda/succede** anche a me!

♦ Io invece non mi sono fidata e ho risposto: "Mi dispiace, ma non credo proprio che questo tipo di carriera **vada/vado** bene per me. In questo momento mi sembra che **sii/sia** più importante che io **finisce/finisca** l'università". Poi mi sono preparata per prendere l'autobus, che stava arrivando.

♣ E lui cosa ha detto?

♦ Mi ha guardata un po' sorpreso e ha detto: "Ho capito. Lei non sa davvero cosa si è persa. Crede forse che io **fermi/ferma** tutte le ragazze che vedo? Io sono un professionista! Lavoro anche per la RAI!" Poi se ne è andato, offeso.

♣ La RAI? Allora diceva sul serio!

♦ Sarà, ma io sono contenta di non essermi fidata Preferisco studiare.

Il congiuntivo (presente e passato)

3

Metti i verbi al congiuntivo presente.

- ♦ Sai Serena, non credo che tu (fare) __________ bene ad accettare quel posto nella squadra della scuola.
- ♣ Perché? Mi pare che (essere) __________ un'ottima occasione. Sono sicura che mi troverò bene.
- ♦ Dicono che l'allenatore non (essere) __________ una persona molto corretta e che (sgridi) __________ sempre i ragazzi senza dargli respiro.
- ♣ Mah, vedremo. Forse hai ragione, ma prima di giudicare voglio provare. Se l'allenatore pensa che io (essere) __________ una persona senza carattere, dovrà cambiare idea.
- ♦ Sai che ho degli amici alla Virus la squadra di via Micheli. Prima che tu (decidere) __________, penso che (essere) __________ meglio che tu (parlare) ________ con loro, sono molto bravi. D'accordo?
- ♣ Ok Paola. Grazie del consiglio.

22.3 Il congiuntivo passato

- Il congiuntivo passato si forma con il **congiuntivo presente** di **avere** o **essere** + il **participio passato** del verbo.
  Pare che Susi **sia** già **partita**.
  Spero che tu **ti sia divertito**.

congiuntivo passato		
	parlare	**andare**
io	abbia parlato	sia andato/a
tu	abbia parlato	sia andato/a
lui/lei/Lei	abbia parlato	sia andato/a
noi	abbiamo parlato	siamo andati/e
voi	abbiate parlato	siate andati/e
loro	abbiano parlato	siano andati/e

Esercizi 22.3

1

Completa le frasi con i verbi al congiuntivo passato, come nell'esempio.

1. "Che ne pensi del film?" "Credo che sia il film più bello che io (vedere) **abbia** mai **visto**!"
2. "Dove è andato lo zio?" "Penso che (partire) ______________ ."
3. "Perché non inviti anche Anna stasera?" "Perché, sebbene (tornare) ______________ in Italia, non penso che sia in città."
4. "Hai portato da bere?" "No, credo che ci (pensare) ______________ Claudio e Andrea."
5. "Hai visto quanta neve c'è?" "Sì, sembra che (nevicare) ______________ tutta la notte."
6. "Povero Tiziano! Hai sentito che gli è successo?" "Sì, mi dispiace che Lucy lo (lasciare) ______________."
7. "Chi ha spento il gas?" "Pare che l' (spegnere) ______________ Sergio."
8. "Gianna e Pino sono una bella coppia." "Sì, sono contento che (sposarsi) ______________."

22.4 Concordanza del congiuntivo presente e passato

- Il congiuntivo si usa quasi esclusivamente in frasi secondarie. Dopo una frase principale con un verbo all'indicativo presente, al futuro o all'imperativo si usa:

a) il congiuntivo presente o il futuro se si vuole esprimere una azione che succederà;
b) il congiuntivo presente o il presente progressivo al congiuntivo se si vuole esprimere un'azione che sta succedendo;
c) il congiuntivo passato per esprimere un'azione che è già successa.

Immagino che... → **lui parta/partirà domani.**
→ **lui parta/stia partendo in questo momento.**
→ **lui sia partito ieri.**

Esercizi 22.4

1

Completa questa lettera a un giornale italiano con i verbi della lista.

sia - giochi - sia - abbia – abbia - possa – si sia affezionata - si prenda - abbia morso -

Penso che mia figlia Carlotta ______________________troppo a un cane che ha incontrato per strada. Io e mio marito pensiamo che questo cane, che vive senza padrone, _________ malato e ___________ bisogno di cure. Siamo anche convinti che _________ un buona cosa che Carlotta ____________ un animale e __________ cura di lui. Ma crediamo che questo Bill, così si chiama il cane, _____________ essere pericoloso perché pare che in passato _______________dei bambini. Per questo vogliamo che Carlotta non ci ____________più. Ma quando gliel'abbiamo detto mia figlia ha cominciato a piangere e per tre giorni non è andata a scuola. Cosa devo fare?

2

Metti i verbi al congiuntivo (presente o passato).

1. Pare che Sergio (essere) ________________ molto triste.
2. Sembra che ieri (lui/tornare) ________________ a casa presto.
3. Si dice che, quando è entrato in casa, (trovare) ________________ il fratello di Vanessa che giocava con il suo game boy.
4. Così sembra che Sergio (litigare) ________________ con quel ragazzo e lo (buttare) ________________ fuori di casa.
5. Pare che a Vanessa non (piacere) ________________ la reazione di Sergio.
6. Dicono che per questo Vanessa, la ragazza di Sergio, (litigare) ________________ con lui.
7. Ora si crede che Vanessa non (volere) ________________ più parlare con Sergio.

Unità di Apprendimento 23

Il congiuntivo (imperfetto e trapassato)

23.1 Che cos'è il congiuntivo imperfetto

- Quando parliamo al presente usiamo il congiuntivo presente o passato
  Penso che **sia** giusto
  Io invece penso che tu **abbia sbagliato**
- Quando parliamo al passato usiamo il **congiuntivo imperfetto**
  Carlo pensava che io part**issi** alle 4.
  Pensavo che oggi non **interrogasse**!

Esercizi 23.1

1 Completa la coniugazione del congiuntivo imperfetto.

	parlare	scrivere	partire	capire
io				
tu			partissi	
lui/lei/Lei		scrivesse		
noi				
voi	parlaste			
loro				

congiuntivo imperfetto - verbi regolari			
	am-**are**	ved-**ere**	apr-**ire**
io	am-**assi**	ved-**essi**	apr-**issi**
tu	am-**assi**	ved-**essi**	apr-**issi**
lui/lei/Lei	am-**asse**	ved-**esse**	apr-**isse**
noi	am-**assimo**	ved-**essimo**	apr-**issimo**
voi	am-**aste**	ved-**este**	apr-**iste**
loro	am-**assero**	ved-**essero**	apr-**issero**

congiuntivo imperfetto - verbi irregolari			
	essere	dare	stare
io	**fossi**	**dessi**	**stessi**
tu	**fossi**	**dessi**	**stessi**
lui/lei/Lei	**fosse**	**desse**	**stesse**
noi	**fossimo**	**dessimo**	**stessimo**
voi	**foste**	**deste**	**steste**
loro	**fossero**	**dessero**	**stessero**

23.2 Il congiuntivo imperfetto irregolare

- Normalmente il congiuntivo imperfetto si forma dall'indicativo imperfetto.
  Credevo che lei **parlasse** bene il tedesco.
  Pensavo che tu non **bevessi** il vino.
  Nostro padre non voleva che noi **dormissimo** troppo.
- La 1ª e la 2ª persona singolare del congiuntivo imperfetto hanno la stessa terminazione.
  Carlo pensava che io part**issi** alle 4.
  Carlo pensava che tu part**issi** alle 4.

Esercizi 23.2

1

Completa la coniugazione del congiuntivo imperfetto.

	essere	stare	dare
io			
tu		stessi	
lui/lei/Lei			
noi	fossimo		
voi			deste
loro			

2 Sottolinea la forma corretta del congiuntivo imperfetto.

"Giulia mi ha detto che ieri, mentre aspettava l'autobus, le si è avvicinato un uomo molto ben vestito che le ha chiesto se lei **fossi/fosse** una modella. Lei naturalmente ha risposto di no, ma l'uomo ha insistito e le ha detto che non poteva credere che una ragazza bella come lei **si accontentaste/si accontentasse** di fare la studentessa e che lui pensava proprio che **dovesse/dovessi** iniziare la carriera di modella. Giulia gli ha risposto che non credeva che quel tipo di carriera **andasse/andrebbe** bene per lei e che le sembrava più importante finire l'università. L'uomo allora l'ha guardata sorpreso e le ha detto che non si aspettava proprio che lei non lo **prendessi/prendesse** sul serio e **decideste/decidesse** di perdere un'occasione del genere. Poi le ha detto che lui lavorava per la RAI e se ne è andato offeso."

3 Metti i verbi al congiuntivo imperfetto.

Vorrei tanto che lui (essere) __________ gentile e generoso, che mi (trattare) __________ bene e mi (preparare) __________ sempre il mio piatto preferito: ossi misti con salsa! Mi piacerebbe che mi (portare) __________ al parco in centro, perché lì ho molti amici e mi diverto di più che a quello nella piazza dietro casa. Vorrei che mi (lavare) __________ solo quando ne sento il bisogno e che mi (fare) __________ le coccole ogni volta che glielo chiedo. Magari mi (comprare) __________ anche un gatto con cui litigare e da rincorrere per la casa! Purtroppo non lo farà mai, però non posso lamentarmi perché almeno mi fa stare in casa con lui e qualche volta mi fa anche salire sul letto.

23.3 Il congiuntivo trapassato

- Il congiuntivo trapassato si forma con il **congiuntivo imperfetto** di **avere** o **essere** più il **participio passato** del verbo.
  Nonostante **avesse piovuto** molto, il terreno era asciutto.
  Speravo che tu **ti fossi divertito**.
  Pareva che Susi **fosse** già **partita**.

congiuntivo trapassato (congiuntivo imperfetto di avere o essere + participio passato)		
io	avessi parlato	fossi andato/a
tu	avessi parlato	fossi andato/a
lui/lei/Lei	avessi parlato	fosse andato/a
noi	avessimo parlato	fossimo andati/e
voi	aveste parlato	foste andati/e
loro	avessero parlato	fossero andati/e

Esercizi 23.3

1 Completa le frasi con i verbi della lista.

foste annoiati – avessimo dormito – avessi telefonato – avessi fatto – avesse nevicato – fosse stato – fosse partito – fossi andato – avessero vinto

1. Non sapevo che tu mi ________________ a casa, la mia mamma non me l'ha detto.
2. Pensavo che Claudio ________ già ________, per questo non l'ho invitato alla festa.
3. Nonostante ________________ troppo poco, ci sentivamo benissimo.
4. Malgrado ________________ tutta la notte, non faceva molto freddo.
5. Non ho pagato il cappuccino perché credevo che lo ________________ tu!
6. Non li avevo mai visti così contenti, sembrava che ________________ la lotteria.
7. Si diceva che da giovane ________________ un bravissimo giocatore di calcio, ma lui non amava parlare del suo passato.
8. Credevamo che tu ________ già ________ a letto, per questo parlavamo così piano.
9. Siccome non avete mai ballato, temevamo che vi ________________ alla festa.

23.4 Concordanza del congiuntivo presente e passato

- Il congiuntivo si usa quasi sempre in frasi secondarie. Dopo una frase principale con un verbo al passato o al condizionale si usa:

a) il congiuntivo imperfetto o il condizionale composto per esprimere un'azione che succederà in futuro;
Ho immaginato che… **lui partisse/sarebbe partito più tardi**

b) il congiuntivo imperfetto per esprimere un'azione contemporanea;
Avevo immaginato che… **lui partisse quel giorno**

c) il congiuntivo trapassato per esprimere un azione successa in passato.
Avrei immaginato che … **lui fosse partito il giorno prima**

- Qualche volta si può usare il congiuntivo imperfetto anche dopo una frase principale al all'indicativo presente, per esprimere un'azione tipica dell'imperfetto indicativo (sensazione, abitudine, descrizione atmosferica, ecc.)

Immagino che…
→ **lui ieri sera fosse stanco.** (sensazione)
→ **tu da bambino andassi spesso al mare.** (abitudine)
→ **domenica facesse molto freddo in montagna.** (descrizione atmosferica)

Esercizi 23.4

1

Sottolinea le forme corrette dei verbi.

1. Non credevo che nel nord Italia di solito **facesse/avesse fatto** così freddo.
2. Mia madre voleva che **facessi/avessi fatto** danza classica, invece sono diventata una giocatrice di rugby.
3. Sarebbe stato meglio che **venissi/fossi venuto** anche tu ieri pomeriggio; c'era bisogno di qualcuno che **sapesse/avesse saputo** parlare un po' di inglese.
4. Non so che voto ho preso ieri a geografia. Mi piacerebbe che il prof. mi **mettesse/avesse messo** ottimo.
5. Ieri sembrava che Piero e Angela **facessero/avessero fatto** pace, ma oggi lui è di nuovo arrabbiato.
6. Quando l'abbiamo vista piangere, abbiamo pensato che Igor la **lasciasse/avesse lasciata**.
7. Immaginavamo che Albi **arrivasse/arrivi** con l'autobus, per questo siamo andati alla fermata ad aspettarlo.
8. Voglio che tu **dica/dicessi** tutta la verità.
9. Vorrei che tu **dicessi/abbia detto** tutta la verità.
10. Si diceva che dieci anni prima quell'uomo **vincesse/avesse vinto** una medaglia d'oro alle Olimpiadi.

Unità di Apprendimento 24

Il periodo ipotetico

24.1 Che cos'è il periodo ipotetico

- Le frasi introdotte da **se** (o frasi ipotetiche) possono descrivere situazioni più o meno possibili. Queste frasi si chiamano ipotetiche.
  Se fossi ricca **farei** il giro del mondo.
  Se potessi ti trasformerei in un ranocchio.

Esercizi 24.1

1 Prova a scrivere delle frasi ipotetiche come nell'esempio

Se io fossi grande → mi comprerei tutti i vestiti che voglio

Se io potessi → ______________________________

____

____

Se io sapessi già tutto → ______________________________

____

____

Se il professore non fosse in classe → ______________________________

____

____

24.2 La formazione del periodo ipotetico

- Le frasi ipotetiche con il congiuntivo sono costruite principalmente in tre modi:

a) Se + congiuntivo imperfetto + condizionale semplice. In questo caso normalmente indicano una situazione poco probabile, ma possibile.

Se tu **studiassi** di più non **avresti** tutti questi problemi con gli insegnanti.
Se non **piovesse andrei** a fare una passeggiata.
Se tu volessi potresti diventare una cantante famosa.

b) Se + congiuntivo trapassato + condizionale composto. In questo caso normalmente indicano situazioni che non si sono potute realizzare nel passato.

Se non **avessi dormito** così poco sicuramente non **avrei sbadigliato** tutto il giorno.
Se fosse partita prima **sarebbe arrivata** in tempo alla stazione.
Se avessi preso un'aspirina per il mal di testa, questa notte **avresti dormito** meglio.

c) Se + congiuntivo trapassato + condizionale semplice. In questo caso indicano situazioni passate le cui conseguenze durano ancora nel presente.

Se non **avessi preso** tutto quel freddo ieri ora non **avrei** questo tremendo mal di gola.
Se avessi messo la crema protettiva non **saresti** rossa come un peperone ora!

periodo ipotetico	
ipotesi poco probabile ma possibile	**se + congiuntivo imperfetto + condizionale presente**
ipotesi impossibile	**se + congiuntivo trapassato + condizionale composto**
ipotesi impossibile con conseguenze nel presente	**se + congiuntivo trapassato + condizionale semplice**

Esercizi 24.2

1
Unisci fra loro le frasi, come nell'esempio.

a. **Se non fossi sicuro che sai tenere i segreti…**
b. Se Lucia dormisse di più…
c. Se avessi saputo che odi la musica tekno…
d. Se non ti volessimo con il nostro gruppo…
e. Se non sopportassi la matematica…
f. Se Paolo avesse pensato di più prima di parlare forse…
g. Se mi avessero detto che mi sarebbe piaciuto Albi…
h. Se Carlo non si fidasse di me…
i. Professore, se spostasse la data del compito in classe…
j. Se tu avessi seguito il consiglio di Emma…

☐ …ci farebbe tutti contenti!
☐ …non avrei scelto di fare il liceo scientifico.
☐ …li avrei presi tutti per dei pazzi.
☐ …non mi lascerebbe le chiavi del suo motorino.
☐ …non l'avrei messa a tutto volume per tutta la festa.
☐ …non avrebbe tutto quel sonno.
☐ …non avrebbe litigato con Lara.
☐ …non ti saresti cacciato in questo guaio!
☐ …non ti avremmo invitato al cinema questo weekend.
a **…non ti racconterei tutti i fatti miei.**

2
Metti i verbi nella forma corretta del periodo ipotetico.

Se Babbo Natale (esistere) ______________ veramente e se (dovere) ______________ portare in una notte i regali a tutti i bambini del mondo, come (organizzarsi) ______________? Un fisico ha fatto questi calcoli.

1. Se Babbo Natale (portare) ______________ veramente i regali ai bambini nella notte del 24 dicembre (dovere) ______________ visitare 378 milioni di bambini.

Il periodo ipotetico

2. Se Babbo Natale (fare) ________________ il giro delle case di tutti i bimbi del pianeta (percorrere) ________________ 140 milioni di chilometri.
3. Se Babbo Natale (dovere) ________________ organizzare il trasporto di 50.000 tonnellate di regali, (dovere) ________________ usare 330.000 renne.
4. Se (noi/volere) ________________ misurare il tempo che Babbo Natale ha per visitare ogni casa (noi/scoprire) ________________ che ha solo un millesimo di secondo a disposizione.

(adattato da "Newton")

3 Coniuga i verbi al congiuntivo imperfetto o al condizionale semplice e scegli la tua risposta. Poi calcola il punteggio e leggi il tuo risultato.

Test - Sei coraggioso o no?

1. Se (tu/vedere) ___________ qualcuno che è in pericolo, tu…
   a. (andare) ___________ in cerca di aiuto.
   b. lo (aiutare) ___________ subito.
   c. (fare) ___________ finta di niente.
2. Se qualcuno (cercare) ___________ di derubarti, tu…
   a. (gridare) ___________ "aiuto".
   b. non (reagire) ___________.
   c. (parlare) ___________ con il ladro per convincerlo a lasciarti andare.
3. Se ti (loro/offrire) ___________ dei soldi per
   a. rischiare la vita, tu… a. (lasciare) ___________ perdere.
   b. (accettare) ___________ senza pensarci due volte.
   c. (chiedere) ___________ consiglio a qualcuno che lo ha già fatto.
4. Se qualcuno ti (fare) ___________ telefonate durante la notte, tu…
   a. (avvertire) ___________ la polizia.
   b. (offendere) ___________ la persona al telefono.
   c. (cercare) ___________ di parlare con lui.
5. Se un alieno ti (offrire) ___________ un viaggio con
   a. lui, tu… a. (avere) ___________ molta paura.
   b. (rimanere) ___________ senza parole.
   c. (partire) ___________ subito.

Punteggio

	a	b	c
Risposta n. 1	**2 punti**	**3 punti**	**1 punto**
Risposta n. 2	**2 punti**	**1 punto**	**3 punti**
Risposta n. 3	**1 punto**	**3 punti**	**1 punto**
Risposta n. 4	**1 punto**	**3 punti**	**2 punti**
Risposta n. 5	**1 punto**	**2 punti**	**3 punti**

Risultati	
Da 5 a 8 punti	Hai paura di tutto. Hai paura a provare cose nuove e non ti piacciono le nuove avventure. Hai una mamma super protettiva?
Da 9 a 12 punti	Sei razionale. Prima di agire pensi e non rischi facilmente. Probabilmente avrai meno problemi di altri nella vita, ma… che noia!
Da 13 a 15 punti	Attenzione!! Troppo coraggioso! Può essere pericoloso. Un po' di coraggio va bene, ma troppo…

4

Riscrivi le frasi ipotetiche come nell'esempio.

ESEMPIO: Se Dario **studiasse** di più non **avrebbe** difficoltà con l'esame → Se Dario **avesse studiato** di più non **avrebbe avuto** difficoltà con l'esame.

1. Se giocassi a calcetto con più costanza forse diventerei più bravo.
   ____
2. Se Luca non si desse così tante arie sarebbe sicuramente più simpatico.
   ____
3. Se prendessi l'autobus delle 8 arriveresti in tempo.
   ____
4. Se avessimo più soldi potremmo fare delle belle vacanze.
   ____
5. Se qualcuno mi insegnasse a sciare verrei anche io in montagna con voi.
   ____
6. Se fossi meno imbranata sicuramente non farei tutte queste figuracce!
   ____
7. Se Lauro andasse più spesso a trovare suo nonno lo renderebbe felice.
   ____
8. Se non andaste tutti i sabati sempre e solo nello stesso posto forse conoscereste gente nuova.
   ____

5

Completa le frasi ipotetiche con i verbi della lista, come nell'esempio.

avesse studiato - sapessi – avessi visto - cantasse - fosse - fossi andato - avesse parlato - fossimo - riuscissi – avrebbe rotto – avrei salutato - sarebbe - sarebbero - sarebbe - troveresti - potremmo - avrebbe passato – avrei conosciuto

1. Se Dario non *avesse parlato* male di lui, Ivan non *avrebbe rotto* l'amicizia.
2. Manuela studia tantissimo. D'altra parte se non ____________ così secchiona non ____________ la prima della classe!

3. Non ce la faccio più! Francesco canta dalla mattina alla sera! Se non ____________ così male ____________ anche piacevole ascoltarlo, invece è un incubo!
4. Se (tu) ____________ usare meglio il computer ____________ più facilmente un lavoro.
5. Se Antonio ____________ con più costanza ____________ l'esame.
6. Se (noi) ____________ tutti più buoni nel mondo non ci ____________ guerre.
7. Se ____________ a prenderti una giornata libera dagli impegni, (noi) ____________ andare a fare un po' di spese in città.
8. Se non ____________ in discoteca quel giorno, non ____________ Consuelo.
9. Credimi, se ieri sera ti ____________ certamente ti ____________, lo sai che non ci vedo bene da lontano!

6 Leggi cosa mi è successo e poi trasforma le frasi sottolineate in frasi ipotetiche, come nell'esempio, scrivendole sul quaderno.

ESEMPIO: **la sveglia si era rotta quindi mi sono svegliata tardi**
se la sveglia non si fosse rotta, non mi sarei svegliata tardi

Che giornata davvero strana! Non sono superstiziosa altrimenti andrei a controllare l'oroscopo di oggi.

Questa mattina è cominciata subito male, la sveglia si era rotta quindi mi sono svegliata tardi. Poiché avevo paura di arrivare tardi a scuola, ho saltato la colazione e ho deciso invece di fermarmi a prendere un cornetto in un bar e di mangiarlo in autobus. Quando sono arrivata al bar c'era un sacco di gente e quindi ci ho messo un sacco di tempo per ordinare. Per di più c'era solo una ragazza a servire e quindi la fila era lentissima.... Proprio mentre ero dentro al bar ho visto arrivare l'autobus e allora sono corsa fuori per fermarlo ma sulla porta c'era un vecchietto che non mi ha fatto passare perciò non ho fatto in tempo a prenderlo. Che sfortuna! Allora sono rientrata nel bar e finalmente ho ordinato un cappuccino e una brioche. Quando sono andata alla cassa mi sono accorta che avevo lasciato il portafogli a casa e non ho potuto pagare: che figura! Non sapevo cosa fare, quando una voce dietro di me ha detto "Guardi, pago io per la ragazza". Mi sono voltata e ho visto Lorenzo, il ragazzo più carino della scuola che aveva già i soldi in mano...Volevo sprofondare dalla vergogna ma lui ha sorriso e mi ha detto "La scorsa settimana è successo anche a me!" Io ero così confusa che non sapevo cosa dire. L'ho ringraziato, siamo usciti insieme dal bar e ci siamo incamminati verso la fermata dell'autobus. Alla fine non ho fatto un gran ritardo e la prof. ha chiuso un occhio. E indovinate un po'? Lorenzo è venuto a trovarmi durante la merenda e mi ha invitata al cinema! Lo ha sentito anche la mia amica Eleonora, altrimenti non avrei creduto alle mie orecchie!

Unità di Apprendimento 25

La forma passiva

25.1 Che cos'è La forma passiva

- In italiano ci sono frasi di **forma attiva** e frasi di **forma passiva.**
  Il professore **consegna** la pagella. (forma attiva)
  La pagella **viene consegnata dai** professori.
  = La pagella **è consegnata dai** professori. (forma passiva)

Esercizi 25.1

1 Scrivi le frasi nel posto giusto scegliendo fra queste elencate: a) Eva viene superata da Manuel; b) Burk mangia un pesce; c) Manuel supera Eva; d) Mattia viene vestito da Johanna; e) Il pesce è mangiato da Burk; f) Kalid viene salutato da Lisa; g) Johanna veste Mattia; h) Lisa saluta Kalid.

FORMA ATTIVA:
Johanna veste Mattia

FORMA PASSIVA:
Mattia viene vestito da Johanna

FORMA ATTIVA:
____
____
____

FORMA PASSIVA:
Khalid viene salutato da Lisa

FORMA ATTIVA:
Burk mangia un pesce

FORMA PASSIVA:

____
____
____
____

FORMA ATTIVA:

____
____
____
____

FORMA PASSIVA:

____
____
____
____

25.2 La forma passiva con il verbo essere

- Per fare il passivo si può usare il verbo **essere** + **participio passato**.
  attivo: Ogni anno molti turisti **visitano** Venezia.
  passivo: Ogni anno Venezia **è visitata** da molti turisti.

- La forma **essere + participio passato** si può usare con tutti i tempi verbali.
  Il verbo **essere** si coniuga allo stesso tempo del verbo della frase attiva.

presente
attivo: Molti **considerano** la carne poco salutare.
passivo: La carne **è considerata** da molti poco salutare.

passato prossimo
attivo: Leonardo **ha dipinto** la Gioconda.
passivo: La Gioconda **è stata dipinta** da Leonardo.

imperfetto
attivo: A quei tempi molti **seguivano** quel programma in tv.
passivo: A quei tempi quel programma in tv **era seguito da** molti.

- Nelle frasi passive con **essere** è possibile anche inserire la persona o la cosa che fa l'azione (agente). L'**agente** è preceduto dalla preposizione **da**.
  attivo: Ogni anno **molti turisti** visitano Venezia.
  passivo: Ogni anno Venezia è visitata **da molti turisti**.

forma passiva con il verbo essere
verbo essere (tutti i tempi) + participio passato (+ da)

Esercizi 25.2

1

Aiuta Mattias e Vincenza ad organizzare la festa di Halloween. Leggi la lista di cose da fare e scrivi sul blocco tutto quello che è già stato fatto, usando la forma passiva, come nell'esempio. Le cose già fatte sono scritte in rosso.

comprare le zucche
svuotare le zucche e fare i buchi degli occhi e della bocca
prenotare la sala per la festa
organizzare la musica per la festa
ordinare i dolcetti
dare gli inviti
non dimenticare i cugini
preparare le pizzette
comprare le bibite
scegliere i costumi
comprare le candele
preparare gli scherzi per gli amici
comprare le parrucche

2

Trasforma le frasi da passive a attive, come nell'esempio.

ESEMPIO: Quel libro è stato letto da milioni di persone. → Milioni di persone hanno letto quel libro.

1. Il preside è stato ascoltato in silenzio da tutta la classe.
   ____
2. Quasi tutti gli studenti sono stati interrogati dal professore di Fisica.
   ____
3. Per la fine dell'anno scolastico è stato preparato uno spettacolo dai ragazzi.
   ____
4. I ragazzi da invitare alla festa dell'anno scorso furono decisi da Ada e Mina.
   ____
5. Probabilmente in futuro le TV non saranno usate più da nessuno.
   ____
6. Il sonno di Sara fu disturbato dal rumore dei vicini.
   ____
7. Torino è attraversata dal Po.
   ____
8. La città fu circondata dall'esercito nemico.
   ____

3 Cambia le frasi sottolineate nel testo dalla forma attiva alla forma passiva.

Per quasi tutto il campionato la sfortuna ha perseguitato la mia squadra. Domenica scorsa però la nostra squadra ha giocato la partita più bella che io ricordi. All'inizio perdevamo 1 a zero: gli avversari infatti hanno segnato il primo gol al settimo minuto. Perdevamo e io ero arrabbiato nero. Allora il mister ha detto: "Adesso basta, ragazzi, dobbiamo far vedere chi siamo" e un brivido è corso lungo la nostra schiena: non so perché ma abbiamo capito che potevamo farcela. Ci siamo lanciati all'attacco e tutto è andato benissimo. A un certo punto l'arbitro ha dato un rigore a favore della nostra squadra e Riko ha fatto gol. Ora eravamo uno pari. Il mister urlava parole di incoraggiamento: "Forza – diceva – siamo noi i più forti! Attaccate!" e dopo soli due minuti Roby ha fatto un altro gol. È stato un trionfo. Io ero contentissimo e oggi sono senza voce per quanto ho urlato di gioia dopo la partita.

forma attiva	forma passiva
la sfortuna ha perseguitato la mia squadra	
Domenica scorsa però la nostra squadra ha giocato la partita più bella che io ricordi	
gli avversari infatti hanno segnato il primo gol al 7 minuto	
l'arbitro ha dato un rigore a favore della nostra squadra Il mister urlava parole di incoraggiamento	
dopo soli due minuti Roby ha fatto un altro gol	

25.3 La forma passiva con il verbo venire

- Per fare la forma passiva si può usare il verbo **venire + participio passato**.
  attivo: Ogni anno molti turisti **visitano** Venezia.
  passivo: Ogni anno Venezia **viene visitata** da molti turisti.

- Il verbo **venire** si coniuga allo stesso tempo del verbo della frase attiva.
  attivo:I romani **invasero** la Gallia.
  passivo: La Gallia **venne invasa** dai romani.
  attivo: Molti **considerano** la carne poco salutare.
  passivo: La carne **viene considerata** da molti poco salutare.

- La forma passiva **venire + participio passato** si può usare solo con i tempi verbali semplici (es: presente, imperfetto, passato remoto, futuro semplice, ecc.), non con i tempi verbali composti, (es: passato prossimo, trapassato prossimo, futuro anteriore, ecc.).
  passato prossimo attivo
  Marta ha lasciato Franco.
  passivo (venire): Franco è ~~venuto lasciato~~ da Marta. (NON corretto!!)
  passivo (essere): Franco è stato lasciato da Marta. (corretto)

- Nelle frasi passive con **venire** è possibile anche inserire la persona o la cosa che fa l'azione (agente). L'**agente** è preceduto dalla preposizione **da.**
  attivo: Ogni anno **molti turisti** visitano Venezia.
  passivo: Ogni anno Venezia viene visitata **da molti turisti**.

forma passiva con il verbo venire

verbo venire (solo tempi semplici) + participio passato (+ da)

Esercizi 25.3

1

Metti i verbi al passivo presente con il verbo venire e indovina di quali regioni italiane parliamo. Fatti aiutare dai tuoi compagni.

1. Questa regione (considerare) __________ da tutti il cuore verde d'Italia ed è l'unica regione dell'Italia centrale che non (bagnare) __________ dal mare. Durante l'estate dalle città della zona (organizzare) __________ molti festival importanti, tra cui quello del Jazz e il Festival dei due mondi di Spoleto.
   Sai che regione è?
2. Questa regione (chiamare) __________ la punta dello stivale d'Italia. È ricca di montagne selvagge e (visitare) __________ ogni estate da molti turisti in cerca di un mare pulito e di una natura incontaminata. Qui (coltivare) __________ ottimi agrumi, olive e frutta tropicale.
   Sai che regione è?
3. Questa regione è conosciuta per una famosa fabbrica di auto ma non si possono dimenticare i suoi vini, che (bere) __________ in tutto il mondo. Lo spumante, per esempio, (produrre) __________ proprio qui, nella provincia di Asti. E cosa dire del riso? In questa regione (coltivare) __________ la quantità maggiore del riso italiano, importante per i nostri famosi risotti.
   Sai che regione è?

2

Dove è possibile, sostituisci la forma passiva essere + participio passato con la forma passiva venire + participio passato.
ESEMPIO: Questo olio **è prodotto** in Toscana. → Questo olio **viene prodotto** in Toscana
Questo olio **è stato prodotto** in Toscana. → (non è possibile: **è stato** = tempo composto)

1. Prima di partire Schumacher ha controllato se le gomme **erano state cambiate**.
2. La festa di domani **è organizzata** dalle ragazze della terza C.
3. Per il suo compleanno Anna ha voluto che il dolce **fosse preparato** da sua madre.
4. Quando ci ritroviamo in gruppo, i bambini piccoli **sono mandati** via.
5. Solo dopo che il motorino **sarà stato riparato** potrò finalmente smettere di prendere l'autobus per venire a scuola.
6. La ricerca **è stata preparata** da Francesca, Piero ha fatto il cartellone.
7. Intorno all'anno 1000 l'Italia **fu invasa** dai barbari.
8. In futuro il computer **sarà usato** da tutti.
9. La matematica **è considerata** da molti la materia più difficile.
10. In Italia l'inglese **è parlato** bene da poche persone.

25.4 Il si passivante

- Per formare il passivo si può usare **si + verbo (nella forma attiva) alla 3ª persona singolare o plurale**. In questo caso la frase ha un significato generale (la gente, tutta la gente, tutti…).
  In Italia il venerdì in genere **si mangia** il pesce. (= la gente mangia il pesce)
  In Italia **si mangiano** gli spaghetti. (= la gente mangia gli spaghetti)
- Quando il soggetto è singolare, si coniuga il verbo alla **3ª persona singolare**.
  Quando il soggetto è plurale, si coniuga il verbo alla **3ª persona plurale**.
  Il biglietto dell'autobus **si compra** dal tabaccaio. (il biglietto: singolare)
  A Roma il giovedì **si mangiano gli gnocchi**. (gli gnocchi: plurale)
- La forma passiva **si + verbo** si può usare con tutti i tempi verbali.
  Cinquanta anni fa **si usavano** poco le macchine.
  Ancora non **si è fatto** tutto il possibile per eliminare le differenze tra Paesi ricchi e Paesi poveri.
- Nei tempi composti si usa sempre l'ausiliare **essere**.
  Quando **si sarà capito** che le guerre non risolvono i problemi, il mondo sarà migliore.
- Con questa forma di passivo non si può esprimere l'agente (la persona o la cosa che compie l'azione).
  attivo: Marta bacia Franco.
  passivo (si)**:** Marta si bacia da Franco. (non corretto!!)
  passivo (essere)**:** Franco è baciato da Marta. (corretto)

forma passiva con il si passivante
si + 3ª persona singolare o plurale del verbo (tutti i tempi) (no compl. d'agente)

Esercizi 25.4

1 Sottolinea la forma corretta del passivo.

Spesso quando **si nomina/si nominano** i super eroi, molti pensano immediatamente a Superman o all'Uomo Ragno. Ma i supereroi sono tantissimi, dai Fantastici 4 a Hulk a Batman agli Xmen, e tra loro **si trova/si trovano** anche personaggi come Lara Croft o Nathan Never. Anche se questi ultimi sono esseri umani senza particolari poteri **si considera/si considerano** supereroi perché sono coraggiosi e hanno avventure pericolose. Ma nei fumetti **si trova/si trovano** anche personaggi malvagi con poteri straordinari, spesso con nomi strani e inquietanti: Sabrettoth, Camaleonte, l'Avvoltoio, il Dottor Octopus, l'Uomo Sabbia, Catwoman, Lizard, Electro, Mysterio, Molten e tanti altri. **Si può/Si possono** allungare l'elenco ancora di più se **si aggiunge/si aggiungono** a esso anche i numerosi extraterrestri cattivi e spietati. Insomma: quello dei supereroi è proprio un mondo affollatissimo, popolato dai personaggi più strani che possiedono i poteri più sorprendenti.

2 Dove è possibile, sostituisci la forma passiva **essere + participio passato** o **venire + participio passato** con la forma passiva si + verbo.

ESEMPIO: Questo olio **viene prodotto** in Toscana. → Questo olio **si produce** in Toscana.

1. Internet viene usata da un numero sempre maggiore di persone.
   ____
2. Internet sarà usata sempre di più in futuro.
   ____
3. Per fare questo film sono state utilizzate tecniche digitali.
   ____
4. Il rinfresco viene offerto dalla scuola.
   ____
5. Per preparare la festa di Halloween sono state comprate da Mara molte candele.
   ____
6. Per fare un buon tiramisù viene usato il mascarpone.
   ____
7. L'aula dell'ingresso è stata usata per due mesi dalla seconda F.
   ____
8. di solito ai compleanni viene cantato "Tanti auguri a te!"
   ____

25.5 La forma passiva con il verbo andare

- Per formare il passivo si può usare il verbo **andare + participio passato**.
  Questo libro **va letto**.
- Questo tipo di passivo ha un significato particolare di **dovere** o **necessità**.
  Questo libro **va letto**. (= questo libro <u>deve</u> essere letto)
  A che ora **vanno svegliati** i ragazzi? (= a che ora <u>devono</u> essere svegliati i ragazzi?)
- Questo tipo di passivo può essere usato <u>solo con i tempi semplici</u> (es: presente, imperfetto, futuro semplice, condizionale semplice, ecc.).
  presente: Questo libro **va letto**.
  condizionale semplice: Questo libro **andrebbe letto** in tutte le scuole.
  passato prossimo: Questo libro ~~**è andato letto**~~. (NON corretto!!)
- Nelle frasi passive con **andare** è possibile anche inserire la persona o la cosa che fa l'azione (agente). L'**agente** è preceduto dalla preposizione **da.**
  attivo: **Tutti** dovrebbero leggere questo libro.
  passivo: Questo libro andrebbe letto **<u>da</u> tutti**.

forma passiva con il verbo andare (significato di dovere o necessità)
verbo andare (solo tempi semplici) + participio passato (+ da)

Esercizi 25.5

1

Metti i verbi nella forma passiva andare + participio passato.

1. (Comprare) __________ il biglietto in anticipo, visto che la fila può essere molto lunga e lenta.
2. (Prenotare) __________ il posto perché si rischia di fare il viaggio in piedi.
3. (Comprare) __________ panini e bibite, perché qualche volta può essere difficile raggiungere la carrozza ristorante, se il treno è pieno.
4. (Portare) __________ qualcosa da leggere o da fare durante il viaggio, a meno che non si voglia rischiare di parlare dei problemi di salute della signora seduta di fronte.
5. (Timbrare) __________ sempre il biglietto prima di salire sul treno, altrimenti si prende una multa.
6. (Tenere) __________ sotto controllo i bagagli.
7. (Prendere) __________ tutto con filosofia, perché potrebbe succedere di tutto

2

Andare o venire? Completa le frasi con il verbo giusto.

1. Il gelato __________ mangiato in fretta altrimenti si scioglie.
2. Per andare dal dentista __________ preso l'appuntamento.
3. Nella maggior parte dei cinema adesso __________ proiettati più film allo stesso tempo perché ci sono più sale.
4. Di solito in Italia i biglietti dell'autobus __________ comprati prima di salire, altrimenti il controllore può farvi una multa.
5. Piero a scuola __________ chiamato "secchione" perché sa sempre tutto.
6. Quel film __________ visto! È bellissimo!
7. Per andare in motorino __________ portato obbligatoriamente il casco.
8. I miei fratellini ogni mattina __________ portati all'asilo dal babbo.
9. Molte ragazze dicono che la pancia __________ lasciata scoperta, altrimenti non si è alla moda.
10. C'è chi dice che ormai tutto il mondo __________ controllato dai computer.

Unità di Apprendimento 26

I tempi remoti

26.1 Che cos'è il passato remoto

- Quando si indica un'azione che è successa in un passato lontano, che non ha più nessuna relazione con il presente, si usa un tempo remoto (lontano).
  Il profeta Mohammed **morì** nel 632 dopo Cristo, anno 10 nel calendario musulmano.
- Il passato remoto si usa molto nelle storie
  Le belle storie finiscono sempre con "... e **vissero** felici e contenti".
- Il passato remoto si usa anche per parlare della storia
  I Romani **conquistarono** la Gallia.

passato remoto - verbi regolari			
	am-**are**	cred-**ere**	apr-**ire**
io	am-**ai**	cred-**ei/-etti**	apr-**ii**
tu	am-**asti**	cred-**esti**	apr-**isti**
lui/lei/Lei	am-**ò**	cred-**é/-ette**	apr-**ì**
noi	am-**ammo**	cred-**emmo**	apr-**immo**
voi	am-**aste**	cred-**este**	apr-**iste**
loro	am-**arono**	cred-**erono/-ettero**	apr-**irono**

Esercizi 26.1

1 Completa la coniugazione del passato remoto.

	parlare	potere	partire	andare
io		potei		
tu	parlasti			
lui/lei/Lei				andammo
noi			partimmo	
voi				
loro				

26.2 Il passato remoto regolare e irregolare

- Molti verbi hanno un passato remoto irregolare perché usano una radice diversa per la **1ª** e **2ª persona singolare** e per la **3ª persona plurale**.
  Io **dissi** tutta la verità.
  Tu **dicesti** tutta la verità
  Lui **disse** tutta la verità.
  Noi **dicemmo** tutta la verità
  Voi **diceste** tutta la verità.
  Loro **dissero** tutta la verità.
- Normalmente nel passato remoto irregolare la 1ª persona singolare finisce con -**i**, la 3ª persona singolare con -**e** e la 3ª persona plurale con -**ero**.
  I miei genitori scriss**ero** una lettera al professore.
  Io scriss**i** una lettera d'amore a Luca.
  Italo Calvino scriss**e** molti racconti.
- I verbi in -**ere** hanno due forme per il passato remoto.
  Luigi cred**é**/cred**ette** alle parole di Marco e smise di fumare.
  I genitori di Piero non cred**erono**/cred**ettero** alle sue parole.

passato remoto - verbi irregolari

	essere	avere
io	fui	ebbi
tu	fosti	avesti
lui/lei/Lei	fu	ebbe
noi	fummo	avemmo
voi	foste	aveste
loro	furono	ebbero

Esercizi 26.2

1

Completata la coniugazione di questi verbi con il passato remoto irregolare. Se vuoi guarda la tabella alla fine del capitolo

	essere	scrivere	prendere	chiedere
io				chiesi
tu	fosti			
lui/lei/Lei			prese	
noi				
voi				
loro		scrissero		

2

Trova nel testo tutti i verbi al passato remoto e scrivili sul quaderno con accanto l'infinito, come nell'esempio.
ESEMPIO: Si ammalò (ammalarsi).

In una grande città, in una casa circondata da un grande giardino, viveva una bella fanciulla. Il giardino in primavera era sempre coperto di mille fiori colorati e la fanciulla li amava tutti, ma amava in modo particolare i fiori bianchi e rossi di un albero di susine che cresceva proprio vicino alla finestra della sua stanza.
Ogni anno, quando i fiori dell'albero cadevano, lei li raccoglieva per sentirne il profumo. Improvvisamente, però, la fanciulla **si ammalò** gravemente e poco dopo morì.
Il padre e la madre fecero per lei una tomba ai piedi del susino e ogni primavera ne raccoglievano i fiori e li mettevano sulla sua tomba, come aveva fatto lei una volta. Dopo un anno, un giorno di primavera, videro un piccolo serpente sotto il susino. Quando i fiori cominciarono a cadere il serpente li prese uno ad uno con la bocca e li raccolse tutti insieme sopra la tomba.
"Deve essere nostra figlia", pensarono i genitori della ragazza e chiamarono subito un vecchio molto saggio, che sapeva tutto della vita e della morte. Il vecchio pregò a lungo sotto il susino fino a quando il serpente cambiò la sua pelle. Allora il vecchio disse: "Questo è un segno di vita, significa che la fanciulla ha cambiato la sua natura umana in quella di albero. Fra cento e cento anni questa fanciulla rinascerà".
Con questa speranza, i genitori continuarono a raccogliere i fiori del susino per tutta la loro vita, dopo molti anni però anche loro morirono. Se la fanciulla sia rinata o no, nessuno lo sa.

(Fiaba popolare del nord Italia - adattato da "Fiabe di fiori italiani")

3

Completa il testo con i verbi della lista e indovina con l'aiuto dei tuoi compagni di quale civiltà stiamo parlando.

cominciarono – diedero - diventarono – ebbero – entrarono – estesero – fondarono – fu - si spostarono

I Greci nei secoli VIII e VII a.C. ____________ ad avere problemi di sovrappopolazione nelle città più grandi e per questo ____________ verso le coste dell'Italia meridionale e della Sicilia, dove ____________ molte colonie. Ai nuovi abitanti di queste zone i greci ____________ il nome di italioti. Dopo qualche anno queste colonie

_____________ grandi e ricche ed _____________ un ruolo politico e culturale di primo piano. Ancora oggi possiamo vedere i bellissimi templi e le rovine di queste città in Calabria e, specialmente, in Sicilia. Più tardi i Romani _____________ in contatto con gli italioti e, dopo guerre e accordi, _____________ il loro potere anche nell'Italia meridionale.

_____________ la fine di questa civiltà, che viene chiamata:

a. Rinascimento   b. Magna Grecia   c. Civiltà etrusca

4

Da questa storia è stato tratto un famoso film con Brad Pitt: Troy. Metti i verbi al passato remoto.

Nel 1193 avanti Cristo nell'antica Grecia, Paride, principe di Troia, (rapire) __________ Elena, regina di Sparta e moglie di Menelao. Questo rapimento (offendere) ____________ terribilmente Menelao che (chiamare) __________ in suo aiuto il fratello Agamennone, re di Micene, e (scatenare) ____________ una guerra che (distruggere) ____________ una civiltà. Agamennone infatti (riunire) ____________ tutte le tribù della Grecia e (iniziare) __________ la guerra contro Troia. Agamennone non (essere) __________ spinto solo dal desiderio di difendere l'onore del fratello, ma anche dalla sua sete di potere: (combattere) ___________ Troia per diventare ancora più forte. La città però era circondata da grandi mura e era difesa dal coraggioso Ettore: nessun esercito prima di allora era riuscito a sconfiggerla. Ma Achille, il più grande guerriero di tutti i tempi, per la gloria (venire) __________ a combattere contro i troiani. Alla fine (essere) ___________ l'amore a decidere il suo destino. Nella guerra (morire) __________ migliaia di persone e per una vicenda d'amore Troia (scomparire) _________ per sempre.

5

Conosci il titolo del famoso libro di Omero che racconta la guerra di Troia? Le lettere corrispondenti ad ogni passato remoto corretto ti danno il titolo. Se vuoi consulta la tabella alla fine del capitolo

1. spegnere → io spensi   I
2. muovere → io movetti   M
3. piacere → io piacetti   P
4. andare → io andai   L
5. vivere → io vissi   I
6. bere → io bevei   B
7. ordinare → io ordinai   A
8. amare → io ametti   A
9. vedere → io vedei   V
10. iniziare → io iniziai   D
11. attendere → io attesi   E

Il nome è _ _ _ _ _

6

Ora scrivi le forme corrette dei verbi sbagliati dell'esercizio 5.

2. muovere → io ___________
3. piacere → io ___________
6. bere → io ___________
8. amare → io ___________
9. vedere → io ___________

26.3 Il trapassato remoto

- Il **trapassato remoto** descrive un'azione che avviene prima di un'altra al passato remoto.
  Dopo Hansel e Gretel **si furono liberati** della vecchia strega, **tornarono** a casa dai loro genitori.
  Quando Giulio Cesare **ebbe conquistato** la Gallia, **marciò** verso Roma con il suo esercito.

Linea del tempo

trapassato remoto ← **passato remoto**

- Il trapassato remoto si forma con il passato remoto dei verbi **avere** o **essere** + il **participio passato** del verbo.
  Dopo che lo **ebbero visto** decisero di invitarlo alla festa.
  Appena **fu partita** sua mamma tornò a casa.

trapassato remoto (passato remoto di avere o essere + participio passato)		
io	**ebbi parlato**	**fui andato/a**
tu	**avesti parlato**	**fosti andato/a**
lui/lei/Lei	**ebbe parlato**	**fu andato/a**
noi	**avemmo parlato**	**fummo andati/e**
voi	**aveste parlato**	**foste andati/e**
loro	**ebbero parlato**	**furono andati/e**

Esercizi 26.3

1

Passato remoto o trapassato remoto? Sottolinea la forma corretta del verbo, come nell'esempio.

C'era una volta un contadino che aveva una figlia bellissima che si chiamava Isabella. Un giorno il re, passando a cavallo, la (vedere) **vide**, (innamorarsi) **si innamorò** di lei e (decidere) ____________ di chiedere al padre della ragazza di poterla sposare. Ne (parlare) ________________ con i suoi consiglieri ma, anche dopo che tutti gli (rispondere) ________________ che era una pazzia, lui (continuare) ________________ nei suoi progetti. (Andare) ___________ dal contadino e (chiedere) __________ la mano di Isabella. Il padre (dire) __________ sì. Purtroppo il re era un essere orribile e spietato, tutti conoscevano la sua crudeltà e Isabella, disperata per questo, piangeva tutto il giorno, chiusa nella sua stanza, pensando alla sua triste sorte. Un giorno, subito dopo che (finire) ________________ di mangiare, (vedere) ________________ una fata, che era arrivata per aiutarla. La fata le (consigliare) ________________ di accettare il matrimonio ma di chiedere al re una condizione: che le facesse fare un vestito con tutti i fiori e gli alberi del parco. La ragazza (essere) ________________ così contenta di aver trovato una soluzione che, appena la fata se ne (andare) ________________, (chiedere) ____________ il vestito al re. Ma, dopo pochi mesi, il vestito (essere) _____________ pronto. Allora la fata (avere) ________________ un'altra idea e (dire) ________________ a Isabella di chiedere un vestito fatto col cielo, la luna e le stelle. Ma, dopo alcuni mesi, anche quel vestito (essere) _____________ pronto. Isabella era disperata. Non sapeva più che cosa fare, (chiedere) ________________ di nuovo aiuto alla fata, che questa volta le (consigliare) _____________ di chiedere al re di uccidere l'asino magico che aveva nella stalla. L'asino faceva monete d'oro e sicuramente il re non lo avrebbe voluto perdere. Ma nemmeno questo (fermare) ________________ il re, che, appena (uccidere) ________________ l'asino, ne (prendere)________________ la pelle e la (portare) ________________ alla ragazza. L'unica soluzione rimasta era quella di fuggire. Così la ragazza (lasciare) ________________ il reame coperta dalla pelle dell'asino… La storia naturalmente non finisce qui… Isabella riuscì a fuggire dal re? Tu che pensi? Prova a finire tu la storia.

(novella della Garfagnana adattata)

alcuni verbi con passato remoto irregolare

verbo	passato remoto
attendere	**attesi**, attendesti, **attese**, attendemmo, attendeste, **attesero**
bere	**bevvi**, bevesti, **bevve**, bevemmo, beveste, **bevvero**
chiedere	**chiesi**, chiedesti, **chiese**, chiedemmo, chiedeste, **chiesero**
chiudere	**chiusi**, chiudesti, **chiuse**, chiudemmo, chiudeste, **chiusero**
correre	**corsi**, corresti, **corse**, corremmo, correste, **corsero**
decidere	**decisi**, decidesti, **decise**, decidemmo, decideste, **decisero**
dire	**dissi**, dicesti, **disse**, dicemmo, diceste, **dissero**
leggere	**lessi**, leggesti, **lesse**, leggemmo, leggeste, **lessero**
mettere	**misi**, mettesti, **mise**, mettemmo, metteste, **misero**
nascere	**nacqui**, nascesti, **nacque**, nascemmo, nasceste, **nacquero**
parere	**parvi**, paresti, **parve**, paremmo, pareste, **parvero**
perdere	**persi**, perdesti, **perse**, perdemmo, perdesti, **persero**
prendere	**presi**, prendesti, **prese**, prendemmo, prendeste, **presero**
rimanere	**rimasi**, rimanesti, **rimase**, rimanemmo, rimaneste, **rimasero**
rompere	**ruppi**, rompesti, **ruppe**, rompemmo, rompeste, **ruppero**
sapere	**seppi**, sapesti, **seppe**, sapemmo, sapeste, **seppero**
scrivere	**scrissi**, scrivesti, **scrisse**, scrivemmo, scriveste, **scrissero**
stare	**stetti**, stesti, **stette**, steste, stemmo, **stettero**
tenere	**tenni**, tenesti, **tenne**, tenemmo, teneste, **tennero**
venire	**venni**, venisti, **venne**, venimmo, veniste, **vennero**

Unità di Apprendimento 27

Gli indefiniti

27.1 Che cosa sono gli indefiniti

- A volte indichiamo chiaramente il numero delle cose di cui parliamo.
  La mia borsa pesa **4** chili: ho **7** libri, **6** penne e **4** quaderni (**2** sono di Marta).
- A volte invece siamo meno precisi (più indefiniti)
  La mia borsa pesa **molto**: ho **un po' di** libri, **alcune** penne e **qualche** quaderno (**certi** sono di Marta).
- Gli aggettivi, i pronomi e gli avverbi che indicano una quantità non precisa si chiamano **indefiniti**.
  Qualche quaderno. **Certi** sono di Marta. La mia borsa pesa **molto**.

Esercizi 27.1

1 Leggi le due storie e poi sottolinea tutti gli indefiniti che trovi nella prima storia
Quale storia preferisci? Sai continuarla?

Una storia indefinita di maghi e di streghe

Tanti anni fa, in un certo Paese lontano vivevano alcuni signori dalla statura alta e possente. Erano felici quei signori, coltivavano i campi, allevavano le bestie e vendevano i loro prodotti al mercato del sabato. Ogni famiglia aveva parecchi figli che giocavano e crescevano sani e robusti. Ma un bel giorno, non si sa perché, si presentò nel Paese felice un'orribile strega che con qualche maleficio trasformò tutto. I campi non davano più frutti, la bestie morivano di malattia, al mercato del sabato non si presentava più nessuno e anche i bambini sembravano tristi e annoiati. Bisognava trovare una soluzione. Fu così che Borlix partì alla ricerca di un certo mago Brasil di cui gli aveva parlato suo nonno.

Una storia precisina di maghi e di streghe

150 anni fa, in un Paese lontano vivevano 76 signori dalla statura alta e possente. Erano felici quei signori, coltivavano i campi, allevavano le bestie e vendevano i loro prodotti al mercato del sabato. Ogni famiglia aveva 7 figli che giocavano e crescevano sani e robusti. Ma un bel giorno, non si sa perché, si presentò nel Paese felice un'orribile strega che con 7 malefici trasformò tutto. I campi non davano più frutti, la bestie morivano di malattia, al mercato del sabato non si presentava più nessuno e anche i bambini sembravano tristi e annoiati. Bisognava trovare una soluzione. Fu così che Borlix partì alla ricerca del mago Brasil di cui gli aveva parlato suo nonno.

27.2 Le forme degli indefiniti

- Alcuni indefiniti possono avere un femminile e un plurale: sono variabili

Tutti hanno mangiato.	Tutto / tutti / tutta / tutte
Troppi hanno mangiato.	Troppo / troppi /troppa/ troppe
Molti hanno mangiato.	Molto / molti / molta / molte
Parecchi hanno mangiato.	Parecchio / parecchi / parecchia / parecchie
Tanti hanno mangiato.	Tanto / tanti/ tanta / tante
Poche persone hanno mangiato.	Pochi /pochi/ poca / poche
Gli **altri** hanno mangiato.	Altro /altri/ altra/ altri
Quali ragazzi hanno mangiato?	Quale / quali / quale/ quali
Ci siamo mangiati **certe** paste buonissime.	Certo/ certi/ certe/ certi
Alcuni hanno mangiato.	Alcun/ alcuni/ alcuna / alcune
Nessuna ragazza ha mangiato.	Nessuno / nessuna
Ciascuna ragazza ha mangiato tre paste.	Ciascuno/ Ciascuna

- Alcuni indefiniti non hanno un femminile e un plurale: sono invariabili

Qualche volt**a** sono veramente stanco.	qualche
Qualunque ragazz**o** e **qualunque** ragazz**a** può ballare.	qualunque/qualsiasi
Ogni ragazz**a** e **ogni** ragazz**o** possono ballare.	ogni
Qualcuno sta ballando.	qualcuno qualcosa
Non voglio **niente**, **nulla** di **nulla.**	niente = nulla

Esercizi 27.2

1 Singolare o plurale? Completa gli indefiniti e le altre parole del testo con le terminazioni giuste.

Le prime quattro mosse per fare una bella interrogazione: alcuni consigli per tutt_ quell_ che si sentono poco sicuri di sé.
Prima mossa: ci sono molt_ cos_ a cui pensare quando si vuole fare una buona interrogazione, ma in qualsias_ situazion_ la prima cosa è sapere esattamente che cosa si deve studiare…e studiarlo!
Seconda mossa: si deve fare attenzione a come si stabilisce il primo contatto con il/la Prof.. Alcun_ sono troppo dirett_, altr_ sono troppo timid_ e impacciat_. Mentre il/la prof. fa la domanda, si deve ascoltare con attenzione e guardare negli occhi con una cert_ sicurezza e tranquillità. Se ti sembra che non sai cosa rispondere, prova a farti spiegare meglio la domanda…o chiedi se te ne può fare un'altr_! Se anche in questo caso non hai nessun_ risposta_ da dare, in effetti significa che non c'è nient_ da fare: sei nei guai! Forse dovresti studiare un po' di più!

Terza mossa: ti accorgi che sai la risposta alla prima domanda...inizi a dire qualch_ parol_.. Attenzione: non si devono mai dire tropp_ cos_ tutt_ insieme o troppo poc___. Inoltre, si deve essere gentili, interessati ed precisi. Osserva il/la Prof.: dopo alcun_ sguard_, quando sei sicuro che quell_ cert_ rispost_ non è sbagliata, puoi parlare più liberamente.
Quarta mossa: se l'insegnante sorride, o dice che la tua risposta è giusta, puoi provare a introdurre tu un altr_ argoment_ che sai bene...e iniziare a spiegarlo: puoi parlare di qualcos_ che ti è particolarmente piaciuto, o di quel cert_ argomento che piace tanto all'insegnante! A questo punto è una buona idea sorridere, fare alcun_ osservazion_ personal_, fare anche tu qualche domand_ per far capire il tuo interesse. Se l'insegnante sorride con approvazione, non hai più nessun problem_: è fatta, sicuramente ti darà preso un buon voto! Complimenti!

2

L'autobus, come al solito, è in ritardo di quasi 20 minuti. Questo è quello che pensano le persone che aspettano alla fermata e l'autista. Metti gli indefiniti al posto giusto e completa i testi.

tutti - qualche - altro - ogni - troppo

1. **Ragazzo** – Uffa! Proprio oggi doveva succedere! ______ volta che ho un appuntamento con la mia ragazza c'è ______ problema e io arrivo sempre in ritardo. La settimana scorsa si è rotto il motorino, ieri c'era ______ traffico e oggi l'autobus ritarda! Le avevo comprato dei cioccolatini per regalo ma si stanno sciogliendo! Che faccio? Li butto o li mangio ______ io? Se continua così lei si troverà un _____!

niente - tutti – certi - niente - nessuno

2. **Signora** – Sempre la stessa storia. Il comune dice che ______ i cittadini devono usare i mezzi pubblici e poi il servizio è questo. Forse c'è uno sciopero, ma ______ me l'ha detto, ho anche comprato il giornale e non c'era scritto ______. Sicuramente l'autista si è presentato tardi al lavoro, ______ autisti non hanno proprio voglia di fare ______! Forse è meglio se chiamo un taxi.

qualsiasi - ogni - altro - nessuno - troppo

3. **Ragazza** – Che bello! L'autobus è in ritardo! Ottima scusa per perdere l'appuntamento. Se arrivo ______ tardi sicuramente il dentista farà passare un ______ paziente e non potrà vedermi. Che sollievo! Odio andare dal dentista! ______ volta che entro in quell'ambulatorio e vedo le facce dei pazienti che escono mi viene voglia di fuggire. Sono sicura che a ______ piace andare dal dentista e io farei ______ cosa per evitarlo! Speriamo che l'autobus tardi ancora un po'!

nessuno – qualcuno - tutti - altro - ogni

4. **Autista** – Un ______ giorno di traffico caotico. Sono già in ritardo di quasi mezz'ora e sicuramente a ______ fermata ci sarà ______ che si lamenta con me. Non c'è mai ______ che cerca di mettersi nei miei panni. Sono ______ bravi a criticare ma li vorrei vedere io al posto mio! Non vedo l'ora di andarmene in pensione!

Unità di Apprendimento 28

I verbi impersonali

28.1 Che cosa sono i verbi impersonali

- I verbi di solito hanno un soggetto.
  Io passeggiavo con il mio amico quando **loro** ci **sono venuti** vicino e (loro) ci **hanno chiesto** se **noi avevamo** dei soldi…
- Alcune forme verbali non hanno un soggetto (il soggetto è indefinito).
  Sbagliando si impara
  Studiare italiano è bellissimo
- I verbi che non richiedono il soggetto si chiamano **impersonali**.

Esercizi 28.1

1 Conosci questi proverbi italiani? Leggili, ci sono molti verbi impersonali. Scrivi l'infinito del verbo impersonali, come nell'esempio.

1. **Sbagliando** si impara. sbagliare
2. Sposa **bagnata**, sposa fortunata. ____________
3. Uomo **avvisato**, mezzo **salvato**. ____________
4. **Volere** è **potere**. ____________
5. Tra il **dire** e il **fare** c'è di mezzo il mare. ____________
6. L'appetito vien **mangiando**. ____________
7. Chi vive **sperando**, **muore** cantando. ____________
8. Gobba a ponente, luna **crescente**. ____________
   Gobba a levante luna **calante**. ____________

28.2 Il gerundio

- Il gerundio è un modo impersonale del verbo.
- Il **gerundio presente** si forma dall'infinito del verbo. Le terminazioni del gerundio sono:

-are > -ando **-ere > -endo** **-ire > -endo**

Mi rilasso ascolt**ando** la radio.
Legg**endo** ho imparato molte cose.
Di solito passo la domenica legg**endo**.

- Il **gerundio passato** si forma con il gerundio presente di avere o essere + il participio passato del verbo.

Avendo già mangiato non voglio nulla/

- Tutti i pronomi (diretti, indiretti e doppie) e le particelle (ci, ne) vanno dopo il gerundio.

Vedi quei libri? Se **me li** porti mi farai un gran favore.
→ Vedi quei libri? Portando**meli** mi farai un gran favore.

gerundio	
presente	passato
-are > -ando -ere > -endo -ire > -endo	gerundio presente di **avere** o **essere** + participio passato del verbo

Compila la tabella

gerundio		
	presente	passato
Mangiare	Mangiando	Avendo mangiato
Guardare	______	______
Prendere	______	______
Finire	______	______
Aprire	______	______

Esercizi 28.2

1 Riscrivi le frasi usando il gerundio presente, come nell'esempio.
ESEMPIO: Il bambino cade mentre gioca a pallone. → Il bambino cade giocando a pallone.

1. Peter mangia mentre guarda la televisione.
______

2. I nonni dormono <u>mentre ascoltano</u> la radio.

____

3. Zu Ha fa la doccia <u>mentre canta</u>.

____

4. Gli studenti seguono la lezione <u>mentre prendono</u> appunti.

____

5. Paolo parla con un amico <u>mentre va</u> a scuola.

____

6. Il professore cammina <u>mentre legge</u> un libro.

____

2

Rispondi alle domande scegliendo le risposte della lista e mettendole al gerundio presente, come nell'esempio.

ESEMPIO: Come hai passato l'esame? → **Studiando** duro per due mesi.

a. frequentare un laboratorio di informatica
b. scriverle molte lettere d'amore
c. andare nella stessa sala giochi
d. fare ginnastica tutti i giorni
e. passare le vacanze in Gran Bretagna
f. seguire un corso di canto

1. Come hai fatto a ottenere questa linea perfetta?

____

2. Come avete imparato a cantare così bene?

____

3. Come avete conosciuto Martin?

____

4. Rita e Edy parlano inglese perfettamente. Come hanno fatto?

____

5. In che modo hai imparato ad usare il computer così bene?

____

6. Come hai fatto a conquistare Sabrina?

3

Riscrivi le frasi usando il gerundio presente o passato, come nell'esempio.

ESEMPIO: Poiché era molto contento Luca ha pagato da bere a tutti.→ **Essendo** molto contento Luca ha pagato da bere a tutti.

1. Poiché abito vicino alla scuola, la mattina ci metto solo 5 minuti per arrivare in classe.
______
2. Poiché ho studiato tutto il giorno stasera sono troppo stanco per uscire.
______
3. Poiché parla molto bene l'inglese, ad Amelia non sarà difficile trovare un lavoro.
______
4. Poiché abbiamo dimenticato le chiavi non possiamo entrare in casa.
______
5. Ho bisogno di fare una doccia perché ho giocato a pallone.
______
6. Ora non avete più voce perché avete cantato tutto il giorno.
______
7. Poiché ero molto nervoso ho deciso di fare una passeggiata.
______
8. Dobbiamo risparmiare perché il mese scorso abbiamo speso troppo.
______
9. Poiché sono a dieta e non la posso mangiare, ho dato tutta la cioccolata a Sarosh.
______

4

La madre di Federica ha deciso di dare alcuni consigli alla figlia. Riscrivi le frasi usando il gerundio presente, come nell'esempio.

ESEMPIO: se continui a mangiare così poco ti sentirai male; → **Continuando** a mangiare così poco ti sentirai male.

1. se studi un po' di più prenderai voti migliori;
______
2. se non esci mai la sera non troverai mai un ragazzo;
______
3. se non ti vesti bene nessuno ti guarderà;
______
4 .se fai troppo sport diventerai troppo muscolosa;
______
5. se ascolti me avrai successo.
______

5 Riscrivi le frasi usando la forma pur + gerundio presente o passato, come nell'esempio.
ESEMPIO: Anche se è il mio compleanno, non ho voglia di festeggiare. → **Pur essendo** il mio compleanno, non ho voglia di festeggiare.

1. Anche se sei stanco, devi venire a trovarmi.
____
2. Anche se ho pochi soldi, voglio comprare un regalo a Giada.
____
3. Anche se ho fame, non posso ancora mangiare perché voglio aspettare Ugo.
____
4. Quella ragazza non è il mio tipo, anche se è molto carina.
____
5. Anche se ho fatto tre mesi di vacanza, non ho voglia di studiare.
____
6. Anche se si sono lasciati, Rita e Marco continuano a vedersi come amici.
____

6 Riscrivi tutte le frasi evidenziate usando il gerundio presente o passato.

Mentre uscivo di casa ho incontrato un mio vecchio compagno di classe: Cosimo Allegri. Mi è sembrato un po' giù. Infatti, mi ha salutato quasi **come se piangesse**. Gli ho chiesto novità e lui, **mentre mi guardava** in modo molto serio, mi ha raccontato che, **poiché era andato** alle superiori, aveva conosciuto molti amici nuovi. Così aveva deciso di uscire spesso con loro. **Visto che** Cosimo **è** appassionato di musica tekno, e **poiché è** anche un bravo ballerino, era andato molte volte in discoteca. Lì aveva conosciuto una bella ragazza e si era innamorato. Ma, **poiché** lei **era** fidanzata, e, **poiché** il suo ragazzo **era** molto geloso, Cosimo aveva dovuto usare tutta la sua fantasia per incontrarla e cercare di conquistarla. "Com'è dura la vita! - mi ha detto– **Se continuo** così finirò a pezzi."

____
____
____
____
____
____
____
____
____
____
____
____
____

28.3 Il L'infinito

- L'infinito è un modo indefinito del verbo. Nelle ricette di cucina o negli elenchi di cose da fare possiamo usare l'infinito al posto dei verbi con un soggetto definito.
  Per **cucinare** gli spaghetti bisogna **mettere** l'acqua sul fuoco, **aggiungere** il sale e quando l'acqua bolle, **buttare** la pasta.

- L'**infinito passato** si forma con l'infinito presente di **avere** o **essere** + il participio passato.
  Dopo **aver visto** la tv, sono andato a dormire.
  Dopo **essere tornato** a casa, ho preparato la cena.

- Tutti i pronomi (diretti, indiretti e combinati) e le particelle (ci, ne) vanno dopo l'infinito passato.
  Sono andato a vivere in Italia dopo che **mi** sono diplomato.
  → Sono andato a vivere in Italia dopo **essermi diplomato**.

infinito passato
infinito presente di avere (= aver) o essere + participio passato

Compila la tabella

infinito	
presente	passato
Mangiare	Avere mangiato
Guardare	______
Prendere	______
Finire	______
Aprire	______

Esercizi 28.3

1 Riscrivi le frasi usando l'infinito come nell'esempio

Se vuoi essere felice:
1. Cammina almeno mezz'ora al giorno.
2. Non mangiare troppe cose fritte.
3. Dormi almeno otto ore ogni notte.
4. Pratica uno sport sotto la guida di un bravo allenatore o maestro.
5. Chiedi sempre il parere del medico prima di usare le medicine.
6. Lavati i denti dopo ogni pasto ma non usare spazzolini vecchi: si rovina lo smalto.
7. Usa luci diffuse quando sei al computer.
8. Controlla la vista dall'oculista se fai fatica a leggere.
9. Rilassati appena puoi. Mangia in maniera sana, soprattutto verdura e frutta, bevi sempre tanta acqua e cerca di essere allegro.

Se vuoi essere felice devi:

1. Camminare almeno mezz'ora al giorno.
2. Non mangiare troppe cose fritte.
3. ______
4. ______
5. ______
6. ______
7. ______
8. ______
9. ______

2

Riscrivi le frasi usando la forma dopo + infinito passato, come nell'esempio.

ESEMPIO: Dopo che abbiamo visto il film siamo andati in un bar. → **Dopo aver visto** il film siamo andati in un bar.

1. Siete tornati a casa dopo che siete usciti da casa mia?
______
2. Andai dal dentista dopo che avevo passato tutta la notte sveglio per colpa del mal di denti.
______
3. Ieri sono andata in paninoteca con Mira e, dopo che ho mangiato, sono tornata a casa.
______
4. Cosa hai fatto ieri dopo che hai finito la lezione?
______
5. Ieri ho riportato i libri a Gianni. Dopo che l'ho salutato sono andata in biblioteca.
______

3

Riscrivi le frasi usando la forma per + infinito passato, come nell'esempio.

ESEMPIO: Mi sono sentita male perché ho mangiato troppo. → Mi sono sentita male **per aver mangiato** troppo.

1. Maria si è scusata con Luigi, perché è arrivata in ritardo.
______
2. Salah ha preso un brutto voto a scuola perché non aveva studiato.
______
3. Il controllore ha fatto la multa a Paola perché non aveva pagato il biglietto.
______
4. Aisha si è bagnata tutta, perché è uscita senza ombrello.
______
5. Ho ringraziato Leonardo perché mi ha accompagnato a casa.
______

28.4 Il participio passato

- Al di fuori dei tempi composti, il **participio passato** si usa per indicare un'azione che avviene prima di un altra (un'azione anteriore).
  Il **participio passato** è una forma indefinita del verbo
  Comprato il biglietto (azione anteriore) ho preso l'autobus (azione successiva).
- Tutti i pronomi (diretti, indiretti e combinati) e le particelle (ci, ne) vanno dopo il participio passato.
  Dopo che **le** ho detto quello che pensavo, l'ho lasciata. → Detto**le** quello che pensavo, l'ho lasciata.
  a) Il **participio passato** concorda con il complemento diretto .
  Vist**e le condizioni** del tempo, ho deciso di mettermi la giacca a vento.
  b) Se non c'è un complemento oggetto diretto, il participio passato concorda con il soggetto definito nella frase.
  Usciti dal cinema **noi** siamo andati tutti in pizzeria.

participio passato		
-are > -ato	-ere > -uto	-ire > -ito

Compila la tabella

participio passato	
Mangiare	mangiato
Guardare	____________
Prendere	____________
Finire	____________
Aprire	____________

Esercizi 28.4

1

Riscrivi le frasi, usando il participio passato, come nell'esempio.

ESEMPIO: Dopo che abbiamo pagato il conto, siamo usciti dal ristorante. → Pagato il conto, siamo usciti dal ristorante.

1. Dopo che hanno fatto i compiti, Mara e Teresa sono uscite.
   ____
2. Dopo essere arrivati a casa, abbiamo acceso la TV.
   ____
3. Dopo che ho accompagnato Ivo, sono andato a casa.
   ____
4. Dopo aver fatto l'esercizio, lo studente ha chiuso il libro.
   ____
5. Dopo che Arslan è partito, sono rimasta sola.
   ____

2

Completa il participio passato con la vocale corretta (-o, -a, -i, -e).

1. Vist_ il film, Aldo e Marcus hanno fatto un giro in centro.
2. Il professore di scienze, vist_ le condizioni del laboratorio, ha rinunciato ad utilizzarlo.
3. Tornat_ a casa, Lidia ha apparecchiato la tavola.
4. Romeo, cantat_ la serenata, ha aspettato che Giulia si affacciasse alla finestra.
5. Studiat_ tutte le varie possibilità, Ylenia ha deciso di fare ragioneria.
6. Riunit_ tutti assieme, abbiamo fatto una votazione per alzata di mano.
7. Mess_ gli sci ai piedi, Nino si è lanciato giù per la pista come un vero campione.
8. Ascoltat_ le previsioni del tempo, Ismail ha deciso di andare al mare.

3

Riscrivi le frasi sottolineate nel testo trasformando le forme indefinite in forme definite e viceversa.

Ricerca di storia

Invia adesso | Invia più tardi | Registra come bozza | Aggiungi allegati | Firma | Opzioni

Da: tiscali (tiscali)
A: sally@yahabadoo.it
Cc:
Ccn:
Oggetto: Ricerca di storia
Allegati: La I° guerra mondiale, Tabelle date excel, foto

Skia | Medio

Cara Sally,
avendo ripristinato la posta elettronica posso finalmente mandarti i file che volevo: è la ricerca di storia **fatta** per il mio esame, sulla prima guerra mondiale. **Dopo aver studiato** tanto per scriverla, spero che ti sia utile. Il file in Word è il testo scritto, l'altro file sono le immagini: **guardandole** ti accorgerai che alcune ti possono veramente servire. Poi c'è addirittura una tabella che ho fatto in Excell con tutte le date di riferimento!!!
Un consiglio. **Una volta letto il messaggio**, salva gli allegati in una cartella creata dentro "Documenti", non sul Desktop: **avendo avuto** tutti quei problemi coi virus ho imparato qualche trucco!
In bocca al lupo per le tue ricerche, ma non ti preoccupare, **fatta** la prima poi l'altra sarà più facile ☺☺☺
Morena
PS: per il concerto non so cosa fare visto che non ho sentito più nulla: li compero o no i biglietti??? Aspetto una tua mail. Ti mando un BACIOOONEEE. M

---Original Message---
From: Sally
To: Morena
Sent: 12.12.2004
Subject: Ricerca di storia
Morena. Sono nei guai. Devo fare una ricerca di storia e una di geografia ma non >avendone mai fatte prima non so proprio da dove iniziare …tu ne hai una da farmi vedere? ti prego AIUTOOOO!!!!!!

Sally la disperata

____

____